Kauderwelsch
Band 221

Kind in Tracht, Isniq

Impressum

Wolfgang Koeth & Saskia Drude
Kosovo-Albanisch – Wort für Wort
erschienen im Reise Know-How Verlag Peter Rump GmbH
Osnabrücker Str. 79, D-33649 Bielefeld
info@reise-know-how.de

4. Auflage 2018

Bearbeitung & Layout Christine Schönfeld
Layout-Konzept Günter Pawlak, FaktorZwo! Bielefeld
Umschlag Christine Schönfeld (Titelfoto: Saskia Drude)
Kartographie Iain Macneish
Fotos Saskia Drude
Gesamtherstellung Himmer GmbH Druckerei & Verlag, Augsburg

ISBN: 978-3-8317-6425-9
Printed in Germany

Wer im Buchhandel kein Glück hat, bekommt unsere Bücher auch direkt über unseren Internet-Shop:

www.reise-know-how.de

Die Internetseiten mit Aussprachebeispielen und der Zugriff auf diese über QR-Codes sind eine freiwillige, kostenlose Zusatzleistung des Verlages. Der Verlag behält sich vor, die Bereitstellung des Angebotes und die Möglichkeit der Nutzung zeitlich und inhaltlich zu beschränken. Der Verlag übernimmt keine Garantie für das Funktionieren der Seiten und keine Haftung für Schäden, die aus dem Gebrauch der Seiten resultieren. Es besteht ferner kein Anspruch auf eine unbefristete Bereitstellung der Seiten.

Der Verlag möchte die **Reihe Kauderwelsch** weiter ausbauen und **sucht Autoren!** Mehr Informationen finden Sie unter ***www.reise-know-how.de/verlag/mitarbeit***

Kauderwelsch

Wolfgang Koeth
Saskia Drude

Kosovo-Albanisch

Wort für Wort

Unseren vielen kosovarischen
Sprachlehrerinnen und
Sprachlehrern gewidmet

Kauderwelsch heißt:

- Schnell mit dem **Sprechen** beginnen, auch wenn nicht immer alles korrekt ist.
- Von der **Grammatik** wird nur das Wichtigste in einfachen Worten erklärt.
- Alle Beispielsätze werden doppelt ins Deutsche übertragen: erst **Wort-für-Wort,** dann in normales Deutsch. Die Wort-für-Wort-Übersetzung hilft, die neue Sprache schneller zu durchschauen, außerdem lassen sich dadurch leichter einzelne Wörter im fremdsprachigen Satz austauschen.
- Es geht um die **Alltagssprache,** also das, was man tatsächlich auf der Straße hört.
- Die **Autoren** sind entweder Reisende, die die Sprache im Land selbst gelernt haben oder Muttersprachler.

Kauderwelsch-Sprachführer sind keine Lehrbücher, aber viel mehr als traditionelle Reisesprachführer. Wer ein wenig Zeit investiert, einige Vokabeln lernt und die Sprache im Land anwendet, wird **Türen öffnen,** ein Lächeln ins Gesicht zaubern und reichere Erfahrungen machen.

Talk to each other!

Kauderwelsch zum Anhören

Einzelne Sätze und Ausdrücke aus diesem Buch können Sie sich **kostenlos anhören.** Diese **Aussprachebeispiele** erreichen Sie über die im Buch abgedruckten QR-Codes oder diese Adresse: www.reise-know-how.de/kauderwelsch/221.

Die Aussprachebeispiele im Buch sind Auszüge aus dem umfassenden Tonmaterial, das unter dem Titel **„Kauderwelsch Aussprachetrainer Kosovo-Albanisch“** separat erhältlich ist – als Download über Online-Hörbuchshops (ISBN 978-3-95852-003-5) oder als CD im Buchhandel (ISBN 95852-253-4). Beide Versionen erhalten Sie auch über unsere Internetseite:

- **www.reise-know-how.de**

Alle Sätze, die Sie auf dem Aussprachetrainer hören können, sind in diesem Buch mit einem 👂 gekennzeichnet.

Inhalt

Inhalt

Konversation

Anhang

Prishtina

Vorwort

Das Kosovo steht als jüngster Staat Europas zunehmend im Mittelpunkt der Aufmerksamkeit. Mehr und mehr Individualtouristen entdecken den letzten „weißen Fleck“ auf der Europakarte. Aber auch viele Personen, die beruflich im Kosovo zu tun haben, ob als Soldaten der KFOR-Schutztruppe, Polizisten oder Aufbauhelfer, sind bereit, sich mit Kultur und Sprache des neuen Landes auseinanderzusetzen.

Das Kosovo-Albanische unterscheidet sich von der Standardsprache so stark, dass ein Sprachführer für Standard-Albanisch, wie es überwiegend in Albanien gesprochen wird, im Kosovo nicht viel weiterhilft.

Jeder Ausländer im Kosovo erfährt am eigenen Leib, dass das öffentliche Leben kaum organisiert ist. Schriftliche Informationen wie Fahrpläne, Wegweiser, Wanderkarten, Internet-Ressourcen und Hinweise auf Öffnungszeiten fehlen in der Regel. Daher heißt es bei jeder Art von Organsation, Planung und Orientierung: Nachfragen! Fremde um Auskunft zu bitten, ist im Kosovo ebenso selbstverständlich wie bei uns das Lesen einer Straßenkarte oder eines Fahrplans. Umso besser, wenn man dazu noch etwas von dem Smalltalk beherrscht, der zu jedem Gespräch unter Albanern gehört wie der Zukker zum Kaffee.

Hinweise zur Benutzung

Grammatik

Der Kauderwelsch-Band Kosovo-Albanisch ist in drei wichtige Abschnitte gegliedert:

Die Grammatik beschränkt sich auf das Wesentliche und ist so einfach gehalten wie möglich. Deshalb sind auch nicht sämtliche Ausnahmen und Unregelmäßigkeiten der Sprache erklärt. Wer nach der Lektüre gerne noch tiefer in die Grammatik eindringen möchte, findet im Anhang einige Tipps zum Weiterlernen. Natürlich kann man die Grammatik auch überspringen und sofort mit dem Konversationsteil beginnen. Wenn dann Fragen auftauchen, kann man immer noch in der Grammatik nachsehen.

Konversation

In diesem Teil finden Sie Sätze aus dem Alltagsgespräch, die Ihnen einen ersten Eindruck davon vermitteln sollen, wie Kosovo-Albanisch „funktioniert" und die Sie auf das vorbereiten, was Sie später im Kosovo hören werden.

Wort-für-Wort-Übersetzung

Jede Sprache hat ein typisches Satzbaumuster. Um die sich vom Deutschen unterscheidende Wortfolge der Sätze auf Kosovo-Albanisch zu verstehen, ist die Wort-für-Wort-Übersetzung in *kursiver* Schrift gedacht. Jedem albanischen Wort entspricht ein Wort in der Wort-für-Wort-Übersetzung.

Wird ein kosovo-albanisches Wort im Deutschen durch zwei Wörter übersetzt, werden diese zwei Wörter in der Wort-für-Wort-Übersetzung mit einem Bindestrich verbunden.

Hájde shkojmë!
los gehen-wir
Lasst uns gehen!

A ki nji dhomë të lirë për mu / për ne?
ob du-hast ein Zimmer das freie für mich / für uns
Haben Sie ein Zimmer für mich / für uns frei?

Werden in einem Satz mehrere Wörter angegeben, die man untereinander austauschen kann, steht ein Schrägstrich zwischen diesen.

Mit Hilfe der Wort-für-Wort-Übersetzung können Sie bald eigene Sätze bilden. Sie können die Beispielsätze als Fundus von Satzschablonen und -mustern benutzen, die Sie selbst Ihren Bedürfnissen anpassen. Mit einem kleinen bisschen Kreativität und Mut können Sie sich neue Sätze „zusammenbauen", auch wenn das Ergebnis nicht immer grammatikalisch perfekt ausfällt.

Wörterlisten

Die Wörterlisten am Ende des Buches helfen Ihnen dabei. Sie enthalten einen Grundwortschatz von je ca. 1000 Wörtern Deutsch – Kosovo-Albanisch und Kosovo-Albanisch – Deutsch, mit denen man schon eine ganze Menge anfangen kann.

Umschlagklappe

Die Umschlagklappe hilft, die wichtigsten Sätze und Formulierungen stets parat zu haben. Aufgeklappt ist der Umschlag eine wesentliche Erleichterung, da nun die gewünschte Satzkonstruktion mit dem entsprechenden Vokabular aus den einzelnen Kapiteln kombiniert werden kann.

Wenn alles nicht mehr weiterhilft, dann ist vielleicht das Kapitel „Nichts verstanden? – Weiterlernen!" der richtige Tipp. Es befindet sich ebenfalls im Umschlag, stets bereit, mit der richtigen Formulierung für z. B. „Ich habe leider nicht verstanden." oder „Wie bitte?" auszuhelfen.

Seitenzahlen

Um Ihnen den Umgang mit den Zahlen zu erleichtern, ist auf jeder Seite die Seitenzahl auch auf Kosovo-Albanisch angegeben!

Land & Sprache

Albanisch wird in zwei Dialekten gesprochen: das in Südalbanien gebräuchliche Toskisch und das im nördlichen Albanien und Teilen der angrenzenden Länder gesprochene Gegisch. Als die albanische Schriftsprache 1972 neu normiert wurde, geschah dies auf Grundlage des toskischen Dialekts.

Albanisch ist ein selbständiger Zweig der indoeuropäischen Sprachfamilie ohne lebende Verwandte.

Im Kosovo spielt die Hochsprache eine Rolle in der Schule, im Fernsehen und Radio, in Zeitungen und Büchern. Gesprochen wird dagegen eine Unterform des Gegischen, die sich von der standard-albanischen Schriftsprache ungefähr so stark unterscheidet wie Schweizerdeutsch von Hochdeutsch. Zwar verstehen die meisten Kosovo-Albaner Standard-Albanisch, sprechen aber untereinander ausschließlich (mit Ausnahme hochoffizieller Anlässe) Kosovo-Albanisch. Ältere Leute, Frauen auf dem Land und Kinder sprechen praktisch nie die Standardsprache. Umgekehrt ist Kosovo-Albanisch für Albaner aus Albanien nur schwer zu verstehen. Wortschatz und Grammatik weichen zum Teil erheblich voneinander ab.

Im Kosovo-Albanischen gibt es viele türkische, serbische und sogar deutsche Lehnwörter („Gastarbeiter"). Siehe auch: Kapitel „Auto parken, waschen, reparieren".

Da das Kosovo-Albanische keine Schriftsprache ist, gibt es auch kein „korrektes" Kosovarisch, sondern mehrere nebeneinander existierende Formen. Das standard-albanische Wort ndóshta *(vielleicht)* entspricht etwa, je nach Region, den kosovarischen Varianten nóshta, nóshti, náshti oder náshta, und nésër (morgen) wird zu nésra, néstër oder néstra. In der Hauptstadt Prishtina kommen alle diese regionalen Dialekte dann zusammen. Wir ha-

ben uns bemüht, hier die in Prishtina gängigsten Begriffe zu verwenden. Fast alle Kosovaren, denen wir das Manuskript dieses Buches zeigten, hatten an ihm etwas auszusetzen, aber alle an verschiedenen Stellen! Eventuell müssen Sie auch damit rechnen, dass Kosovo-Albaner versuchen werden, Sie auf Standard-Albanisch zu korrigieren, weil sie sich verpflichtet fühlen, einem Ausländer „richtiges" Albanisch beizubringen, auch wenn sie selber selbstverständlich ständig Kosovo-Albanisch sprechen.

Allgemein schätzt man die Bevölkerung des Kosovo auf knapp 2 Millionen Einwohner, von denen 90 % der albanischen Volksgruppe angehören (neben 5 % Serben und Minderheiten von Türken, Bosniaken, Roma und Aschkali).

Außer im Kosovo wird der gegische Dialekt, zu dem das Kosovo-Albanische gehört, auch in den angrenzenden Teilen Albaniens, Mazedoniens, Serbiens und Montenegros gesprochen. Hinzu kommt die bedeutende kosovo-albanische Diaspora in Deutschland, der Schweiz, Österreich und Schweden. Insgesamt dürften mindestens 3 Millionen Menschen Kosovo-Albanisch als Muttersprache sprechen.

Wie viele Kosovo-Albaner es gibt, weiß niemand genau zu sagen. Die letzte Volkszählung fand 1981 statt. Damals war über die Hälfte aller Kosovaren noch nicht einmal geboren!

Alphabet, Aussprache und Betonung

Das Kosovo-Albanische ist keine standardisierte Schriftsprache, und mit der Rechtschreibung wird im Kosovo eher locker umgegangen. An unterschiedliche Schreibweisen kann man sich schnell gewöhnen.

Im großen und ganzen sind die Lautwerte der Buchstaben im Kosovo-Albanischen und im Deutschen identisch, mit einigen Ausnahmen:

	Aussprache	Beispiel
c	wie **z** in „Ziege“ (nie wie **tsch** oder ***k***)	**i cíli** *(welcher)*
ç	wie **tsch** in „tschüss“	**çka** *(was)*
dh	wie englisch **th** in „this“ (stimmhaft)	**dhóma** *(Zimmer)*
e	wie **e** in „endlich“	**édhe** *(noch)*
ë	1.) unbetontes ë bleibt stumm, aber es verlängert den Selbstlaut der vorherigen Silbe. Daher schreiben wir es auch dann mit, wenn es nicht ausgesprochen wird. 2.) betontes ë wird **ö** oder **o** gesprochen. Vor bestimmten Mitlauten (r, l, ll, m, n) färbt sich ein betontes ë zu **o** (wie in „Torte“) oder **a** (wie in „Kater“).	**me konë** *(sein)* *sprich:* [me kohn] *nicht:* [me konn] **tépër** [tépr] *(zu sehr)* **nëna** [nóna], [nána] *(Mutter)*; **Nëna Terezë** [Nóna Terés] *(Mutter Teresa)*
eu	wird getrennt **(e-u)** ausgesprochen, nicht wie **oj!**	**éuro** *(Euro)*
gj	wie **dsch** in „Dschungel“	**i gjélbërt** *(grün)*
ll	dunkel und „dick“ wie im englischen „all“	**llogarí** *(Rechnung)*
nj	wie im russischen „njet“	**nji** *(eins)*

q	wie **tsch** in „tschüss“	**njiqínd** *(einhundert)*
r	Zungen-**r** wie im Bairischen	**rakí** *(Schnaps)*
rr	wie r, aber stärker gerollt	**rrugë** *(Straße, Weg)*
s	stimmloses **s** wie in „Kasse“	**me pasë** *(haben)*
sh	wie **sch** in „Schaf“	**shum** *(sehr)*
th	stimmloses **th** wie in engl. “thank you”	**thikë** *(Messer)*
u	langes **u** wie in „Mut“	**me shku** *(gehen)*
v	wie **w** in „warum” (nie wie **f**)	**i vógël** *(klein)*
x	wie **ds**	**me lexú** *(lesen)*
xh	wie **dsch** in „Dschungel“	**Xhorxh Bush** *(Ex-US-Präsident)*
y	kurzes **ü** wie in „Stück“; am Ende des Wortes: langes **ü** wie in „über“	**yll** *(Stern)* **me thy** *(zerbrechen, Geld wechseln [= klein machen]))*
z	stimmhaftes **s** wie in „sauer“ (nie wie **ts**)	**i zi** *(schwarz)*
zh	stimmhaftes **sch** wie in „Journalist“	**zhurmë** *(Lärm)*

Die Doppelbuchstaben dh, gj, ll, nj, rr, sh, th, xh und zh gelten jeweils als ein einziger Laut und dürfen nicht getrennt werden.

Die Betonung liegt meistens, aber nicht immer, auf der vorletzten Silbe des Wortes. Betonte Selbstlaute werden lang gesprochen.

Am albanischen Schriftbild lässt sich die Betonung nicht erkennen, daher sind betonte Silben in diesem Buch mit einem Akzent gekennzeichnet.

taní	[tanní]	jetzt *(Standard-Albanisch)*
táni	[tááni]	dann, danach *(kosovarisch)*

Wörter, die weiterhelfen

Es ist sehr zu empfehlen, direkt bei der Ankunft ein paar Sätze parat zu haben, um an das zu kommen, was man benötigt.

A ka ktu ... ?	Gibt es hier ... ?

A ka ktu nji hotél?
ob es-hat hier ein Hotel
Gibt es hier ein Hotel?

A kéni ... ?	Haben Sie ... ?

A kéni mólla?
ob ihr-habt Äpfel
Haben Sie Äpfel?

Më dúhet ...	Ich brauche ...

Më dúhet nji táksi.
mir es-ist-nötig ein Taxi
Ich brauche ein Taxi.

Po lýpi ...	Ich suche ...

Po lýpi pompë.
gerade ich-suche Tankstelle
Ich suche eine Tankstelle.

Ku asht ... ?	Wo ist ... ?

Ku asht ambasáda gjermáne?
wo sie-ist Botschaft-die deutsche
Wo ist die deutsche Botschaft?

Po, ka.	Ja, das gibt es.
Po, kom.	Ja, habe ich.
Jo, s'kéna.	Nein, haben wir nicht.

Asht ...
Es ist ...

ktu	hier
atjé	dort
májtas	links
dhjáthas	rechts
áfër	nah
larg	weit
dikún tjétër	woanders

Shko májtas, táni rrúga e dytë dhjáthas.
geh links dann Straße-die die zweite rechts
Gehen Sie links, dann die zweite Straße rechts.

Múnem me te tregú.
ich-kann zu dir zeigen
Ich kann es Ihnen zeigen.

Hájde shkojmë!
los gehen-wir
Lasst uns gehen!

A múnesh me më ndihmú?
ob du-kannst zu mir helfen
Können Sie mir bitte helfen?

Und wenn man mit Albanisch gar nicht weiterkommt:

A ka dikúsh qe flet gjermanísht a anglísht?
ob es-hat irgendwer so spricht deutsch oder englisch
Spricht hier jemand Deutsch oder Englisch?

Wortstellung

Die Wortstellung im albanischen Satz ist frei, auch wenn meistens das Verb an zweiter Stelle steht. Bis auf einige feststehende Redewendungen kann man also die Satzteile fast nach Belieben anordnen. Mit den verschiedenen Varianten wird mal der eine, mal der andere Satzteil hervorgehoben, aber falsch liegt man auf keinen Fall.

Të shtúnën kéna shku në dársëm në Ferizáj.
den Samstag wir-haben gegangen in Hochzeit in Ferizaj
Am Samstag sind wir zu einer Hochzeit in Ferizaj gefahren.

Në dársëm në Ferizáj kéna shku të shtúnën.
in Hochzeit in Ferizaj wir-haben gegangen den Samstag
Zu einer Hochzeit in Ferizaj sind wir am Samstag gefahren.

Hauptwörter

Das Kosovo-Albanische kennt männliche und weibliche Hauptwörter. Etwas kompliziert werden diese dadurch, dass es jedes Hauptwort in einer bestimmten und einer unbestimmten Form gibt. Diese Funktion übernehmen im Deutschen die Artikel *(der, die, das)*, im Albanischen die Endungen.

unbestimmt, männl.		bestimmt, männl.	
shok	ein Freund	**shóku**	der Freund
telefón	ein Telefon	**telefóni**	das Telefon

unbestimmt, weibl.		bestimmt, weibl.	
shóqe	eine Freundin	**shóqja**	die Freundin
ditë	ein Tag	**díta**	der Tag
shpi	ein Haus	**shpía**	das Haus

Die Mehrzahl wird leider meistens unregelmäßig bzw. unvorhersagbar gebildet, was allerdings im Deutschen auch nicht sehr anders ist. Unter anderem ändert sich manchmal der Stamm, vgl. djáli - djemt *(der Junge – die Jungen)*, gru - gra *(eine Frau – Frauen)*.

Als Faustregel für die Mehrzahlbildung kann man sich merken, dass die unbestimmte Form oft (aber längst nicht immer) auf -e *oder* -a *endet, die bestimmte dann auf* -et *oder* -at.

unbestimmt, männl.		bestimmt, männl.	
shokë	Freunde	**shókët**	die Freunde
telefóna	Telefone	**telefónat**	die Telefone

unbestimmt, weibl.		bestimmt, weibl.	
shóqe	Freundinnen	**shóqet**	die Freundinnen
shpi	Häuser	**shpitë**	die Häuser

Einige männliche Wörter wechseln in der Mehrzahl zum weiblichen Geschlecht:

mal	ein Berg	**máli**	der Berg
mále	Berge	**málet**	die Berge

All diese Hauptwörter in Einzahl und Mehrzahl stehen auch noch in verschiedenen Fällen.

Im Albanischen gibt es fünf Fälle: Werfall (Nominativ), Wesfall (Genitiv), Wemfall (Dativ), Wenfall (Akkusativ) und einen „Woherfall", den Ablativ, den es im Deutschen nicht gibt. Mit diesem Fall kann man unter anderem ausdrücken, woraus etwas besteht oder für wen es bestimmt ist. Mehrere Fälle haben jeweils gleiche Endungen.

Verständigen kann man sich auch dann, wenn man nicht alle Formen aktiv beherrscht. Es kann aber nützlich sein, einige häufig vorkommende Endungen zu erkennen, damit man Gelesenes und Gehörtes besser zuordnen kann. Die hier genannten Beispiele zeigen Hauptwörter in der bestimmten Form.

Einzahl

-it, -ut Wesfall bzw. Wemfall, männl.

shóqja e Géncit
Freundin-die die Genc-des(Wesfall)
Gencs Freundin

Thuj Géncit se kom ardhë.
sag Genc-dem(Wemfall) dass ich-habe gekommen
Sag Genc, dass ich da bin.

-ës Wesfall bzw. Wemfall, weibl.

shóku i Zánës
Freund-der der Zana-der(Wesfall)
Zanas Freund

Thuj Zánës se kom shku.
sag Zana-der(Wemfall) dass ich-habe gegangen
Sag Zana, dass ich gegangen bin.

-in, -un Wenfall, männl.

Áma telefónin!
gib-mir-es Telefon-das(Wenfall)
Gib mir das Telefon!

E du shókun.
ihn ich-liebe Freund-den(Wenfall)
Ich liebe meinen Freund / Mann.

-ën, -në Wenfall, weibl.

Áma dórën!
gib-mir-sie Hand-die(Wenfall)
Gib mir die Hand!

A bon llogarínë?
ob es-macht Rechnung-die(Wenfall)
Kann ich die Rechnung haben?

Mehrzahl

-eve, -ave, -ve Wesfall bzw. Wemfall, beide Geschlechter

stacióni i autobúsave
Bahnhof-der der Busse-der(Wesfall)
der Busbahnhof

Thuj fmíve se ka ardhë bábi!
sag Kindern-den(Wemfall) dass er-hat gekommen Papa
Sag den Kindern, Papa ist da!

-sh Woherfall (Ablativ), beide Geschlechter

Diese Beispiele im Woherfall stehen in der unbestimmten Form.

sallátë frútash
Salat von-Früchten(Woherfall)
Obstsalat

mas dhetë minútash
nach zehn Minuten(Woherfall)
in zehn Minuten

„Stellvertreter"

Zusätzlich zu der Markierung „bestimmt / unbestimmt" an den Hauptwörtern selbst gibt es im Kosovo-Albanischen noch kleine „Stellvertreter" wie e, i, u, ia, jau, më usw., die einzeln im Satz stehen. Diese „Stellvertreter" findet man immer ganz dicht bei dem Tätigkeitswort, auf das sie sich beziehen.

Im Deutschen werden diese Funktionen von den persönlichen Fürwörtern *(ihn, sie, uns, usw.)* erfüllt, aber nur, wenn das Hauptwort selbst nicht genannt wird. Im Albani-schen dagegen drücken die „Stellvertreter" die Verhältnisse zwischen den Akteuren auch dann aus, wenn das entsprechende Hauptwort (zumeist in der bestimmten Form) im Satz vorkommt.

In diesem Satz stehen also das Hauptwort und sein „Stellvertreter"doppelt.

E ki prishë televizórin!
ihn du-hast kaputtgemacht Fernseher-den
Du hast den Fernseher kaputtgemacht!

Jo, ti e ki prishë!
nein du ihn du-hast kaputtgemacht
Nein, du hast ihn kaputtgemacht!

In diesem Satz steht der „Stellvertreter" allein, also als echtes Fürwort wie im Deutschen.

Drítës i pëlqén muzíka tallavá, ...
Drita-der ihr sie-gefällt Musik-die volkstümliche
Drita mag volkstümliche Musik, ...

... e Diónit i pëlqén répi kosovár.
und Dion-dem ihm er-gefällt Rap-der kosovarischer
... und Dion mag kosovarischen Rap.

Pishína u pëlqén fmíve.
Schwimmbad-das ihnen es-gefällt den-Kindern
Das Schwimmbad gefällt den Kindern.

Mu nuk më pëlqén.
mir nicht mir es-gefällt
Mir gefällt es nicht.

Ia kom çu nji e-mail Shprésës.
ihr-sie ich-habe geschickt eine E-Mail Shpresa-der
Ich habe Shpresa eine E-Mail geschickt.

Ia kom çu nji e-mail.
ihr-sie ich-habe geschickt eine E-Mail
Ich habe ihr eine E-Mail geschickt.

Man kann die „Stellvertreter" auch kombinieren, wenn sowohl ein direktes (Wenfall) als auch ein indirektes (Wemfall) Objekt vorliegen.

Und in der Mehrzahl:

Jau kom çu ka nji e-mail krejt anëtárëve.
ihnen-sie ich-habe geschickt jeweils eine E-Mail allen Mitgliedern-den
Ich habe jedem der Mitglieder eine E-Mail geschickt.

Dies & Jenes, Manches & Alles

Merken sollte man sich hier den Wenfall, weil er erstens häufig gebraucht wird und zweitens sehr einfach ist: ky *(dieser)* und kjo *(diese)* werden hier zu kët, gesprochen [kött].

A e njeh kët djalë?
ob ihn du-kennst diesen Jungen
Kennst du diesen Jungen?

A e njeh kët çikë?
ob sie/es du-kennst dieses Mädchen
Kennst du dieses Mädchen?

ky	dieser *(m)*
kjo	diese *(w)*
kta	diese *(m Mz)*
kto	diese *(w Mz)*

Ky djalë pin shum duhán.
dieser Junge er-trinkt viel Tabak
Dieser Junge (Kerl) raucht viel.

Kjo çikë punón shum.
dieses Mädchen sie/es-arbeitet viel
Dieses Mädchen (junge Frau) arbeitet viel.

aj / qaj	jener *(m)*
ajó / qajó	jene *(w)*
atá / qatá	jene *(m Mz)*
ató / qató	jene *(w Mz)*

të gjithë	alle *(eher standardsprachlich)*
gjithçká	alles *(standardspr. und kosovarisch)*
të tána	alles *(kosovarisch)*
krejt	alle / alles *(kosovarisch)*
do, disá	ein paar, einige, etwas
pak	ein bisschen, wenige

Kanë ardhë disá njérëz.
sie-haben gekommen einige Leute
Es sind einige Leute gekommen.

Kanë ardhë do mysafírë, ...
sie-haben gekommen einige Gäste ...
Es sind einige Gäste gekommen, ...

... po kanë ndejtë pak.
... aber sie-haben geblieben wenig
... aber sie sind nur kurz geblieben

Prit pak!
warte wenig
Warte mal eben!

Zweisprachiger Wegweiser in Prishtina

Hier & Dort

Wie im Deutschen unterscheidet man im Albanischen zwischen „hier“ und „hierher“ bzw. „dort“ und „dorthin“.

ktu	hier *(ungefähr hier)*
qetú	hier *(ganz genau hier)*
atý	dort *(ungefähr dort drüben)*
qatý	dort *(ganz genau dort drüben)*

Ma tregó kët ktu, jo at atý.
mir-ihn zeige diesen hier nein jenen dort
Zeig mir diesen hier, nicht den da.

A banón ktu?
ob du-wohnst hier
Wohnst du hier?

Unë e kom la kérrin qetú.
ich es ich-habe gelassen Auto-das genau-hier
Ich habe das Auto genau an dieser Stelle geparkt.

A janë tu ardhë knej?
ob sie-sind dabei-zu gekommen hierher
Kommen sie jetzt gerade hierher?

Jo, po shkojnë anéj.
nein gerade sie-gehen dorthin
Nein, sie gehen dorthin.

Eigenschaftswörter

Eigenschaftswörter stehen meist nach dem Hauptwort, das sie beschreiben.

Gewöhnungsbedürftig ist zunächst, dass die meisten Eigenschaftswörter einen eigenen vorangestellten Artikel besitzen, nämlich i männlich bzw. e weiblich, und të bzw. e in der Mehrzahl. Die Artikel dienen auch dazu, die Eigenschaftswörter an den Fall anzupassen, in dem das dazugehörige Hauptwort steht.

Die gleichen vorangestellten Artikel kommen auch zwingend bei der Konstruktion des Wesfalles vor (Beispiele S. 20/21).

i trashë	*der dicke*	dick *(m Ez)*
e trashë	*die dicke*	dick *(w Ez)*
të trashë	*die dicken*	dick *(m Mz)*
të trásha	*die dicken*	dick *(w Mz)*

Tre gjermánë të trashë
drei Deutsche die dicken
Drei dicke Deutsche *(kosovarische TV-Serie)*

Viele, vor allem „internationale", abgeleitete oder zusammengesetzte Eigenschaftswörter sind allerdings artikellos, zum Beispiel:

Famílja modérne
Die moderne Familie *(kosovarische TV-Serie)*

Bashkësía ndërkombëtáre
Gemeinschaft-die zwischen-völkische
die internationale Gemeinschaft

Einzahl:	männlich	weiblich
gut	**i mirë**	**e mirë**
schlecht	**i keq**	**e kéqe**
groß	**i madh**	**e mádhe**
klein	**i vógël**	**e vógël**
neu / jung	**i ri**	**e re**
alt *(Sache)*	**i vjétër**	**e vjétër**
alt *(Mensch)*	**i móçëm**	**e móçme**
hoch	**i naltë**	**e naltë**
niedrig	**i úlët**	**e úlët**
lang	**i gjatë**	**e gjatë**
kurz	**i shkurtë**	**e shkurtë**
schnell	**i shpejtë**	**e shpejtë**
langsam	**i kadálshëm**	**e kadálshme**
wichtig	**i randësíshëm**	**e randësíshme**

Mehrzahl:	männlich	weiblich
gut	**të mírë**	**të míra**
schlecht	**të këqíj**	**të këqíja**
groß	**të mëdháj**	**të mëdhája**
klein	**të vógjël**	**të vógla**
neu / jung	**të rij**	**të réja**
alt *(Sache)*	**të vjétër**	**të vjétra**
alt *(Mensch)*	**të móçëm**	**të móçme**
hoch	**të naltë**	**të nálta**
niedrig	**të úlët**	**të úlëta**
lang	**të gjatë**	**të gjáta**
kurz	**të shkurtë**	**të shkúrta**
schnell	**të shpejtë**	**të shpéjta**
langsam	**të kadálshëm**	**të kadálshme**
wichtig	**të randësíshëm**	**të randësíshme**

Farben

Einzahl	Mehrzahl	
i zi, e zezë	**të zi, të zéza**	schwarz
i / e bardhë	**të bardhë**	weiß
i / e gjélbërt	**të gjélbërt**	grün
i kuq / e kúqe	**të kúqe**	rot
i / e verdhë	**të verdhë**	gelb
i / e káltër	**të káltër**	blau
i / e vjollcë	**të vjollcë**	lila
i / e portokáll	**të portokáll**	orange

Idé e mirë! *Idee die gute*	Gute Idee!
máli i zi *Berg der schwarze*	der schwarze Berg
= Máli i Zi	= Montenegro

Die Steigerung der Eigenschaftswörter ist denkbar einfach. Die erste Steigerungsstufe *(besser)* wird mit vorgestelltem ma *(mehr)* ausgedrückt, die zweite *(das beste)* mit ma und der bestimmten Form des Eigenschaftsworts, also mit i / e / të.

Kjo shpi asht e mádhe.
dieses Haus es-ist das große
Dieses Haus ist groß.

Qajó shpi asht ma e mádhe sesá kjo.
jenes Haus es-ist mehr das große als dieses
Das Haus dort ist größer als dieses.

Um einen „absoluten Superlativ" auszudrücken, also einen sehr starken Grad einer Eigenschaft, dienen Wörter wie shum *(sehr),* fort *(stark) oder* tépër *(sehr, zu sehr).*

Ajó shpi asht ma e mádhja.
jenes Haus es-ist mehr das große
Das Haus dort ist das größte.

Kémi ble mobílje tépër të míra.
wir-haben gekauft Möbel sehr die guten
Wir haben uns super Möbel gekauft.

Ky asht nji film tépër i mirë.
dieser er-ist ein Film sehr der gute
Dies ist ein wirklich hervorragender Film.

Persönliche Fürwörter

Das Albanische kennt die gleichen persönlichen Fürwörter wie das Deutsche, also *ich*, *du*, *er* und *sie* (kein *es*) in der Einzahl, *wir*, *ihr*, *sie* in der Mehrzahl.
Die „ihr"-Form (2. Person Mehrzahl) ist gleichzeitig die Form der formellen Anrede, entsprechend dem deutschen „Sie", wird aber seltener gebraucht. Die „sie"-Form (3. Person Mehrzahl) gibt es zweimal, je nachdem, ob von einer rein weiblichen Gruppe die Rede ist (z. B. „meine Schwestern") oder von einer, die rein männlich oder gemischt ist (z. B. „unsere Eltern"): ató *(sie, w)* und atá *(sie, m)*.

Ku janë Arméndi e Gázi?
wo sie-sind Armend-der und Gazi-der
Wo sind Armend und Gazi?

Atá janë ktu.
sie(m) sie-sind hier
Sie sind hier.

Ku janë príndët?
wo sie-sind Eltern-die
Wo sind die Eltern?

Atá janë në obórr.
sie(m/w) sie-sind in Hof
Sie sind im Hof.

Ku janë nóna e mótrat?
wo sie-sind Mutter-die und Schwestern-die
Wo sind Mama und die Schwestern?

Ató janë mréna.
sie(w) sie-sind drinnen
Sie sind im Haus.

Anders als im Deutschen wird das persönliche Fürwort im Albanischen oft weggelassen. Das liegt daran, dass die Person immer auch in der Endung des Verbs „versteckt" ist. Für den Anfänger empfiehlt es sich aber, sie zusätzlich zu sagen, um Missverständnisse zu vermeiden, wenn man einmal doch nicht die richtige Endung gewählt hat.

Hier eine vollständige Tabelle. Einen Wesfall haben die persönlichen Fürwörter nicht.

Einzahl:		Wemfall	Wenfall	Woherfall
unë	ich	**mu**	**mu**	**méje**
ti	du	**ty**	**ty**	**téje**
ai	er	**atíj**	**atá (ta)**	**atíj (atína)**
ajó	sie	**asáj**	**atá (ta)**	**asáj (asájna)**

Mehrzahl:		Wemfall	Wenfall	Woherfall
na	wir	**néve**	**ne**	**nesh**
ju	ihr / Sie	**júve**	**ju**	**jush**
atá	sie *(m/w Mz)*	**atýne**	**ta**	**týne (atýne)**
ató	sie *(w Mz)*	**atýne**	**to**	**týne (atýne)**

Besitzanzeigende Fürwörter

Die besitzanzeigenden Fürwörter richten sich in Zahl und Geschlecht nach dem Hauptwort, auf das sie sich beziehen. Es gibt aber, genau wie im Deutschen, verschiedene Formen für weibliche und männliche „Besitzer".

Einzahl	männlich		weiblich	
unë	**jem**	mein	**jéme**	meine
ti	**jot**	dein	**jóte**	deine
ai	**i tij**	sein	**e tij**	seine
ajó	**i saj**	ihr	**e saj**	ihre
na	**jonë**	unser	**jonë**	unsere
ju	**juj**	euer	**juj**	eure
atá / ató	**i týne**	ihr	**e týne**	ihre

Mehrzahl	männlich		weiblich	
unë	**e mi**	meine	**e mía**	meine
ti	**e tu**	deine	**e túa**	deine
ai	**e tij**	seine	**e tij**	seine
ajó	**e saj**	ihre	**e saj**	ihre
na	**tonë**	unsere	**tóna**	unsere
ju	**e juj**	eure	**e júja**	eure
atá / ató	**e týne**	ihre	**e týne**	ihre

A asht ky véndi jot?
ob er-ist dieser Platz-der deiner
Ist das Ihr Platz?

Kjo asht çánta jéme.
diese sie-ist Tasche-die meine
Das ist meine Tasche.

Kta janë shókët e mi.
diese sie-sind Freunde-die die meine
Dies sind meine Freunde.

Kto janë shóqet e mía.
diese sie-sind Freundinnen-die die meine
Dies sind meine Freundinnen.

Alle besitzanzeigenden Fürwörter werden natürlich auch in allen Fällen dekliniert. Damit sollte sich jedoch niemand belasten, weil die Unterschiede oft minimal sind und man auch so verstanden wird. Die einzige Form, die wirklich heraussticht, ist jot *(dein), das im Wenfall zu* tand *(deinen) wird.*

Es gibt noch eine „betonte" Nebenform der besitzanzeigenden Fürwörter, die ungefähr bedeutet „der / die meinige".

Die Mehrzahlform entspricht den unbetonten besitzanzeigenden Fürwörtern, siehe oben.

Einzahl	männlich	weiblich
unë	i jémi	e jémja
ti	i jóti	e jótja
ai	i tíji (i tíjna)	e tij (e tíjna)
ajo	i sáji (i sájna)	e saj (e sájna)
na	i jóni	e jóna
ju	i júji	e júja
ata / ato	i týni	e týnja

Unë e kom pa shókun tand.
ich ihn ich-habe gesehen Freund-den deinen
Ich habe deinen Freund gesehen.

Umstandswörter

Umstandswörter helfen, sich etwas farbiger oder auch nur ganz genau auszudrücken.

Einige von ihnen sind mit den Eigenschaftswörtern identisch, nur dass der vorangestellte Artikel (i bzw. e bzw. të) wegfällt.

mirë	gut
keq	schlecht
shpejt	schnell
kadál	langsam
thjesht	einfach

Ajó flet kadál édhe qártë.
Sie spricht langsam und klar.

Manche Umstandsbestimmungen sind aus zwei Wörtern zusammengesetzt, z. B. me sigurí *(sicher, wahrscheinlich,* wörtl.: *mit Sicherheit).* Andere sind abgeleitet, z. B. gjermanísht von Gjermaní *(Deutschland),* oder fuqíshëm (*kraftvoll,* von: fuqí *Kraft*).

wo?

ktu	hier	**atjé**	dort
jashtë	draußen	**mréna**	drinnen
poshtë	unten	**nalt**	oben
májtas	links	**dhjáthas**	rechts
áfër	nah	**larg**	weit
kahmós	überall	**kurrkúnd**	nirgendwo

Vazhdó májtas, mandéj dhjáthas.
fahre-weiter links dann rechts
Fahren Sie erst links und dann rechts.

wie viel, wie sehr?

shum	sehr
krejt	ganz, vollständig
boll	genug
pak	ein bisschen
gáti	fast
bajagí	ziemlich
sidomós	besonders
bilé	sogar
ma së páku	mindestens
ma së shúmti	höchstens
përafërsísht	ungefähr
tamám	genau

wie? auf welche Weise?

me sigurí	sicher, wahrscheinlich
nóshta	vielleicht
për shémbull	zum Beispiel
me gjíthë qef	gern
apét, prapë	wieder

Umstandswörter können auch gesteigert werden (vgl. Steigerung der Eigenschaftswörter):

Flas anglísht ma mirë sesá gjermanísht.
ich-spreche englisch mehr gut als deutsch
Ich spreche besser englisch als deutsch.

Verben (Tätigkeitswörter)

Die Endungen der Verben enthalten die meisten Informationen: über die Person, die Zeit, Aktiv oder Passiv und vieles andere mehr. Dazu kommen ein paar vorangestellte „kleine Wörter“, die ebenfalls grammatische Bedeutungsträger sind. Für diesen Kauderwelsch-Band haben wir die gängigsten Formen ausgewählt. Nicht verzagen, wenn die Vielzahl verschiedener Formen zunächst unübersichtlich wirkt! Wenn man sich erst einmal ein paar der Endungen und Bildungsmuster gemerkt hat, kann man schon vieles verstehen und selbst kombinieren.

Die Grundform (Infinitiv) wird immer mit me *gebildet. Diese Form gibt es im Standard-Albanischen nicht!*

me shku	**me ardhë**	**me bo**
zu gehen/fahren	*zu kommen*	*zu machen*
gehen / fahren	kommen	machen

	me shku **gehen**	**me ardhë** **kommen**	**me bo** **machen**
(unë)	**shkoj**	**vij**	**boj**
(ti)	**shkon**	**vjen**	**bon**
(ai / ajó)	**shkon**	**vjen**	**bon**
(na)	**shkojmë** **(shkójna)**	**vijmë** **(víjna)**	**bojmë** **(bójna)**
(ju)	**shkóni**	**víni**	**bóni**
(atá / ató)	**shkojnë**	**vijnë**	**bojnë**

	me marrë nehmen	me dhanë geben	me kthy zurückgeben
(unë)	marr	jap	kthej
(ti)	merr	jep	kthen
(ai / ajó)	merr	jep	kthen
(na)	márrim	jápim	kthejmë (kthéjna)
(ju)	mérrni	jépni	kthéni
(atá / ató)	márrin	jápin	kthejnë

Bei den meisten Tätigkeitswörtern ist also zumindest die zweite und die dritte Person in der Einzahl gleich.

	me flejtë schlafen	me pa sehen	me folê sprechen
(unë)	flej	shoh	flas
(ti)	flen	sheh	flet
(ai / ajó)	flen	sheh	flet
(na)	flejmë (fléjna)	shóhim	flásim
(ju)	fléni	shíhni	flísni
(atá / ató)	flejnë	shóhin	flásin

	me ble kaufen	me thanë sagen	me hángër essen
(unë)	blej	thom	ha
(ti)	blen	thu	han
(ai / ajó)	blen	thot	han
(na)	blejmë (bléjna)	thojmë (thójna)	hajmë (hájna)
(ju)	bléni	thóni	háni
(atá / ató)	blejnë	thojnë	hajnë

Verben (Tätigkeitswörter)

	me pi trinken / rauchen
(unë)	pi
(ti)	pin
(ai / ajó)	pin
(na)	pijmë (píjna)
(ju)	píni
(atá / ató)	pijnë

Es gibt aber auch unregelmäßige Verben:

	me shitë verkaufen
(unë)	shes
(ti)	shet
(ai / ajó)	shet
(na)	shésim
(ju)	shítni
(atá / ató)	shésin

Sehr oft wird vor das Tätigkeitswort noch ein po *gesetzt, was soviel heißt wie „(gerade) dabei sein, etwas zu tun".*

Unë e marr atá.
ich ihn ich-nehme ihn
Ich nehme es / ihn.

A ma bon nji makiáto?
ob mir-ihn du-machst einen Milchkaffee
Machen Sie mir bitte einen Milchkaffee.

Po shkoj në Prishtínë.
gerade ich-gehe in Prishtina
Ich fahre nach Prishtina.

Po blejmë mólla.
gerade wir-kaufen Äpfel
Wir kaufen Äpfel.

Rückbezügliche Verben

Die Grundform der rückbezüglichen Tätigkeitswörter wird mit me u gebildet.

me la	waschen
me u la	sich waschen
me kthy	zurückgeben
me u kthy	zurückkommen

Anders als im Deutschen, wo die Rückbezüglichkeit durch Wörter wie „mich, dich, sich" usw. ausgedrückt wird, gibt es im Albanischen eigene Endungen, die man an dem „Signalelement" -h- in der Mitte des Wortes erkennen kann.

	me u la sich waschen	**me u kthy** zurückkommen
(unë)	**láhna (láhem)**	**kthéhna (kthéhem)**
(ti)	**láhesh**	**kthéhesh**
(ai / ajo)	**láhet**	**kthéhet**
(na)	**láhemi**	**kthéhemi**
(ju)	**láheni**	**kthéheni**
(ata / ato)	**láhen**	**kthéhen**

me bo	machen
me u bo	werden
me nisë	beginnen, starten
me u nisë	aufbrechen, losgehen
me mësú	lernen
me u mësú	sich an etwas gewöhnen

Wie die nebenstehende Tabelle zeigt, lässt sich die Bedeutung mancher rückbezüglicher Verben leider nicht ohne weiteres aus dem nicht-rückbezüglichen Pendant schließen!

Modalverben

Modalverben sind ein wichtiger Schlüssel zum Verstehen und Selber-Sprechen.

Die Verwendung ist ganz ähnlich wie im Deutschen (vgl. „ich *möchte* gehen"). Wenn das Modalverb erst einmal in der richtigen Form steht, also gebeugt ist, folgt nur noch das eigentliche Verb in der unveränderlichen Grundform mit me.

	me mujtë können	me dashtë wollen	me u dashtë müssen
(unë)	muj (múnem)	du	dúhna (dúhem)
(ti)	múnesh	don	dúhesh
(ai / ajo)	múnet	don	dúhet
(na)	mujmë (mújna)	dojmë (dójna)	dúhemi
(ju)	múneni	dóni	dúheni
(ata / ato)	mujnë	dojnë	dúhen

A don me ardhë sot?
ob du-willst zu kommen heute
Willst du heute kommen?

Muj me ardhë hénëz nésër.
ich-kann zu kommen erst morgen
Ich kann erst morgen kommen.

Dúhem me folë me búrrin.
ich-muss zu sprechen mit Mann-dem
Ich muss mit meinem Mann sprechen.

Unpersönlich verwendet bedeutet dúhet auch „es ist nötig" oder, je nach Kontext, „ich brauche".

Mu më dúhet me shku.
mir mir es-ist-nötig zu gehen
Ich muss gehen.

Më dúhet nji shrafcigér.
mir es-ist-nötig ein Schraubenzieher
Ich brauche einen Schraubenzieher.

Nuk dúhet! *oder:* **S'ka nevójë.**
nicht es-ist-nötig — *nicht'es-hat Notwendigkeit*
Nicht nötig! — Nicht nötig!

Temperaturempfindungen drückt man im Albanischen übrigens anders aus als im Deutschen. Hier funktioniert me ardhë *(kommen)* fast wie ein Modalverb:

Po më vjen nxetë.
gerade mir es-kommt heiß
Mir ist heiß.

Po më vjen ftoftë.
gerade mir es-kommt kalt
Mir ist kalt.

Ohne Bewirtung des Kunden läuft nichts: Basar in Prishtina

Sein & Haben

Überaus wichtig sind die Hilfsverben me pasë *(haben)* und me konë *(sein)*, die ständig gebraucht werden und mit denen viele einfache Sätze konstruiert werden können.

Übrigens: Wie in Bayern und der Schweiz bedeutet die Wendung „es hat" (albanisch: ka*) auch so viel wie „es gibt".*

	me pasë haben	me konë sein
(unë)	kom	jom
(ti)	ki	je
(ai / ajó)	ka	asht (a)
(na)	kémi (kéna)	jémi (jéna)
(ju)	kéni	jéni
(atá / ató)	kanë	janë

Kojshítë e mi janë shum të pásun ...
Nachbarn-die die meine sie-sind sehr die reichen
Meine Nachbarn sind sehr reich, ...

... kanë tri kérre.
... sie-haben drei Autos
... sie haben drei Autos.

Zeiten

Die albanischen Tätigkeitswörter können in den verschiedensten Zeitformen stehen. Oft verändert sich dadurch der Stamm, und die Formenvielfalt mit allen Varianten erstreckt sich fast ins Unendliche.

Wer die Formen von me pasë und me konë beherrscht, kann schon Vergangenheit und Zukunft ausdrücken.

Die Vergangenheit wird gebildet mit me pasë oder me konë und der Grundform, allerdings ohne me. Dabei gilt: Normale Verben bilden die Vergangenheit mit me pasë *(haben)*, rückbezügliche mit me konë *(sein)*.

Für dieses Buch haben wir uns auf die drei Zeitformen beschränkt, die in der gesprochenen Sprache am häufigsten sind: Gegenwart, vollendete Gegenwart (Vergangenheit) und Zukunft.

Diese Grundformen sind eigentlich Partizipien (Mittelwörter)

	shku gegangen	hángër gegessen	dashtë gewollt	konë gewesen
(unë)	kom shku	kom hángër	kom dashtë	jom konë
(ti)	ki shku	ki hángër	ki dashtë	je konë
(ai / ajó)	ka shku	ka hángër	ka dashtë	asht / a konë
(na)	kéna shku	kéna hángër	kéna dashtë	jéna konë
(ju)	kéni shku	kéni hángër	kéni dashtë	jéni konë
(atá / ató)	kanë shku	kanë hángër	kanë dashtë	janë konë

Ku je konë?
wo du-bist gewesen
Wo warst du?

Jom kthy prej Shkúpit.
ich-bin zurückgekommen von Skopje
Ich bin aus Skopje zurückgekommen.

Kom dashtë me nejtë në shpi.
ich-habe gewollt zu bleiben in Haus
Ich wollte zu Hause bleiben.

Museum der Liga von Prizren

Zukunft

Die Zukunft wird ausgedrückt, indem man die me-Grundform mit der entsprechenden Form von me konë kombiniert:

(unë) kom me shku	ich werde gehen
(ti) ki me shku	du wirst gehen
(ai / ajó) ka me shku	er / sie wird gehen
(na) kéna me shku	wir werden gehen
(ju) kéni me shku	ihr werdet gehen; Sie werden gehen
(atá / ató) kanë me shku	sie werden gehen

Tash ka me ardhë shóku jem.
jetzt er-hat zu kommen Freund-der mein
Mein Freund wird gleich kommen.

Kéna me shku në Zvícër.
wir-haben zu fahren in Schweiz
Wir werden in die Schweiz fahren.

Verneinung

Die Antwort „nein“ auf eine Entscheidungsfrage heißt jo. Auch ganze Sätze werden mit jo verneint.

Im Kosovo wird dazu, anders als in Albanien, genauso der Kopf geschüttelt wie im deutschen Sprachraum.

Dje kémi pasë mysafírë, po sot jo.
gestern wir-haben gehabt Gäste aber heute nein
Gestern hatten wir Gäste, aber heute nicht.

Jo vallá.
nein bei-Gott
Wirklich nicht. *(auch:)* Leider nicht.

A e ki pa núsën e Bekímit?
ob sie du-hast gesehen Braut-die die Bekim-des
Hast du die Braut von Bekim gesehen?

Jo halá.
nein noch
Noch nicht. *(ganzer Satz wird verneint!)*

Um ein Tätigkeitswort zu verneinen, benutzt man entweder nuk oder das gleichbedeutende vorangestellte s'.

Nuk e di.
nicht es ich-weiß
Ich weiß nicht.

S'e di.
nicht'es ich-weiß
Ich weiß nicht.

Ajó nuk asht në shpi.
sie nicht sie-ist in Haus
Sie ist nicht zu Hause.

S'ka problém!
nicht'es-hat Problem
Kein Problem!

A s'kémi rrymë, a?
ob nicht wir-haben Strom oder
Ach so, der Strom ist ausgefallen.

In der Befehlsform kann man nuk oder s' nicht verwenden, hier heißt das Zauberwörtchen mos. Es wird aber auch in besonders höflichem Zusammenhang und in verneinten „um-zu"-Sätzen verwendet.

Mos!
nicht
Lass das!

Mos shko atjé!
nicht geh dahin
Geh da nicht hin!

Mos bo hajgáre!
nicht mach Witze
Mach keine Witze!

A mos më ki telefonú?
ob nicht mich du-hast angerufen
Hast du mich vielleicht angerufen?

A mos po të pengój?
ob nicht gerade dich ich-störe
Störe ich auch nicht?

për mos me harrú
für nicht zu vergessen
um nicht zu vergessen

Wichtige Fürwörter, die man für die Verneinung braucht:

Dieses Wort kann in allen Fällen gebeugt werden und lautet dann:

kurrkúsh	niemand
i kurrkújt	niemandes
kurrkújt	niemandem
kurrkón	niemanden
kurrë	niemals
kurrgjá	nichts
kurrkúnd	nirgends
aspák	kein bisschen

Anders als im Deutschen bleibt es selbst bei mehrfacher Verneinung in einem Satz immer beim Nein:

S'i kom kallxú kurrgjá kurrkújt.
nicht'ihm ich-habe erzählt nichts niemandem
Ich habe niemandem irgendwas erzählt.

So wird die Verneinung schon ziemlich verstärkt. Man kann aber auch das Wörtchen hiç einsetzen, das nur zur Verneinung verwendet wird.

Kët verë s'ka ra shi hiç.
diesen Sommer nicht'es-hat gefallen Regen gar-nicht
Diesen Sommer ist kein Tropfen Regen gefallen.

Verhältniswörter (Präpositionen)

Es hilft schon enorm weiter, einige wenige albanische Verhältniswörter zu lernen, weil sie eine Vielzahl an deutschen Entsprechungen haben. Zwei Beispiele:

në
Jetójmë <u>në</u> Gjakóvë, po <u>në</u> fundjávë shkojmë <u>në</u> Pejë. *wir-wohnen in Gjakova aber in Ende-Woche wir-gehen in Peja* Wir wohnen <u>in</u> Gjakova, aber <u>am</u> Wochenende fahren wir <u>nach</u> Peja.

për
Autobúsi <u>për</u> Prizrén ka me árdhë <u>për</u> pesë minúta. *Bus-der für Prizren er-hat zu kommen für fünf Minuten* Der Bus <u>nach</u> Prizren kommt <u>in</u> fünf Minuten.

Die Verhältniswörter stehen so wie im Deutschen immer vor dem Hauptwort. Auch wenn man den Fall des Hauptwortes nicht weiß, mit dem sie im Albanischen gebraucht werden, wird man auf jeden Fall verstanden.

në	in, nach, zu *(Richtung);* um *(Uhrzeit);* an *(Tag)*
për	für, nach, zu, um *(Ziel, Ort);* in *(Zeit);* wegen
me	mit
nën	unter
m(b)i	über
ka(h)	in Richtung von
pára	vor
m(b)as	nach
prej	aus *(Ort, Material)*
gjatë	während *(Zeit);* entlang *(Ort)*
jashtë	außerhalb
pa	ohne
te	zu, bei, nach

z. B. prej drúnit
= aus Holz

Jom prej Gjermanísë / Austrísë / Zvícrës.
ich-bin aus Deutschland-das / Österreich-das / Schweiz-die
Ich komme aus Deutschland / Österreich / der Schweiz.

Zwei Verhältniswörter werden immer mit der bestimmten Form des Hauptwortes gebraucht: ka, kah *(in Richtung von)* und te *(bei, zu, nach)*. Sie stehen übrigens, für uns etwas ungewohnt, immer mit dem Werfall!

Banój te stadiúmi. Tash po shkoj te shpía.
ich-wohne bei Stadion-das jetzt gerade ich-gehe bei Haus-das
Ich wohne beim Stadion. Jetzt gehe ich nach Hause.

A po shkon kah qéndra?
ob gerade du-gehst hin-zu Zentrum
Fahren Sie ins Zentrum?

Bindewörter (Konjunktionen)

Die Bindewörter werden wie im Deutschen verwendet.

édhe / e	und
se	weil
po	aber
óse / a	oder
+ Verneinung **as ... as ...**	weder ... noch ...
édhe pse	obwohl
mirëpó	dagegen, aber
prandéj	darum
pra	so, also
se / që	dass
nësé	wenn
kur	als
me bo vakí	falls
zu machen Ereignis	

Sot s'kémi as rrymë as ujë.
heute nicht wir-haben weder Strom weder Wasser
Heute haben wir weder Strom noch Wasser.

Tridhétë ditë të Ramazánit,
as s'kom hángër, as s'kom pi.
dreißig Tage die Ramadan-des weder nicht'ich-habe gegessen weder nicht'ich-habe getrunken
Dreißig Tage Ramadan, ich habe weder gegessen noch getrunken. *(Lied)*

Fragen

Es gibt zwei Sorten von Fragen: Entscheidungsfragen, die mit der Fragepartikel a eingeleitet werden und mit „ja“ oder „nein“ beantwortet werden können, und Fragen mit Fragewörtern.

kush	wer
(i kujt, kujt, kon)	(wessen, wem, wen)
ku	wo
déri ku	bis wo
kah	wohin
prej kah	woher
qysh	wie
çka	was
sa	wie viel
kur	wann
qe sa	seit wann
déri kur	bis wann
cili *(m)*	welcher / was für ein
cila *(w)*	welche / was für eine
pse	warum

E kujt asht kjo çantë?
die wessen sie-ist diese Tasche
Wem gehört diese Tasche / dieser Rucksack?

Déri kur e ka afátin e përdorímit?
bis wann sie es-hat Frist-die die Verwendung-der
Wann läuft das Haltbarkeitsdatum ab?

Auffordern & Befehlen

Mit der „ihr"-Endung -ni *kann man eine Aufforderung an mehrere Leute oder an Respektspersonen richten.*

Das Wort mos *ist im Kapitel „Verneinung" näher erklärt.*

Die Befehls- oder Aufforderungsform (Imperativ) entspricht meistens dem Stamm, ist also die kürzeste Form des Tätigkeitswortes.

Shko!	Geh!
Éja!	Komm!
Bo káfe!	Mach Kaffee!
Áma nji cigáre!	Nimm eine Zigarette!
Háni!	Esst!
Mérrni halá frúta!	Nehmt noch Obst!

Mit dem Wörtchen mos *(nicht!)* vor der Aufforderungsform werden Verbote ausgedrückt:

Mos parkó!
nicht parke
Parken verboten!

Mos!
nicht!
Lass das!

Mósni!
nicht-ihr!
Lasst das!

Mos u ngut!
nicht sich beeile
Immer langsam!
Keine Eile!

Mos u lodh!
nicht sich ermüde
Mach dir keine Umstände!
Das geht schon so!

Mos ki merák!
nicht habe Sorge
Mach dir keine Sorgen!

Oder man benutzt zum Auffordern einfach das Wort hájde, das auf dem gesamten Balkan verstanden wird und etwa „los" bedeutet:

Hájde me hángër naj send!
los zu essen irgendeine Sache
Los, komm essen!
(Einladung)

Hájde shkojmë!
los gehen-wir
Lasst uns gehen!

Hájde shkojmë me hángër naj send!
los gehen-wir zu essen irgendeine Sache
Lasst uns etwas essen gehen!

Zahlen & Zählen

Hunderter, Zehner und Einer werden immer mit e zusammengesetzt: njiqínd e njizét e nji *(einhundert und zwanzig und eins)* = 121.

Grundzahlen

1	**nji**	15	**pesëmdhétë**
2	**dy**	16	**gjashtëmdhétë**
3	**tre**	17	**shtatëmdhétë**
4	**kátër**	18	**tetëmdhétë**
5	**pesë**	19	**nantëmdhétë**
6	**gjashtë**	20	**njizét**
7	**shtatë**	21	**njizét e nji** *usw.*
8	**tetë**	30	**tridhétë**
9	**nantë**	40	**katërdhétë**
10	**dhetë**	50	**pesëdhétë** *usw.*
11	**njimdhétë**	100	**njiqínd**
12	**dymdhétë**	200	**dyqínd** *usw.*
13	**tremdhétë**	1000	**njimíjë**
14	**katërmdhétë**	2000	**dymíjë**

Für „40" hört man manchmal auch dyzét, *die eher standardsprachliche Parallelform.*

Ordnungszahlen

i pári	der erste	**e pára**	die erste
i dýti	der zweite	**e dýta**	die zweite
i tréti	der dritte	**e tréta**	die dritte
i kátërti	der vierte	**e kátërta**	die vierte
i pésti	der fünfte	**e pésta**	die fünfte
i gjáshti	der sechste	**e gjáshta**	die sechste
i shtáti	der siebte	**e shtáta**	die siebte
i téti	der achte	**e téta**	die achte
i nánti	der neunte	**e nánta**	die neunte
i dhéti	der zehnte	**e dhéta**	die zehnte
i njiqíndti	der hundertste	**e njiqíndta**	die hundertste

Noch erkennen sollte man:

pésëshi	der Fünfer *(Bus, Schraubenschlüssel usw.)*
katërdhétëshe	40 *(Schuhgröße)*
nantëdhétë e tétëshe	98-er *(Benzin)* (= Superbenzin)

Wandbild, Mitrovica

Zeit & Datum

Die Pflege der eng verflochtenen sozialen Beziehungen braucht ihre Zeit, und die Albaner gehen großzügiger damit um als wir. Es ist daher durchaus nicht ehrenrührig, wenn man mal warten muss.

einige allgemeine Zeitangaben

kur?	wann?
óra ...	... Uhr
tash	jetzt
sot	heute
dje	gestern
pardjé	vorgestern
nésër	morgen
masnésër	übermorgen
kanjihérë	manchmal
hérët	früh
vonë	spät
táni	danach, dann
kurrë *(+Verneinung)*	niemals
së shpéjti	bald
menjihérë	gleich, sofort
hénëz	erst
halá	noch
tashmá	schon
gjith, gjithmónë	immer
shpesh	oft
zakonísht	meistens, gewöhnlich
rrallë	selten

për nji kohë të gjatë *für eine Zeit die lange*	lange
për nji kohë të shkurtë *für eine Zeit die kurze*	kurz
móti	lange her, schon lange

Atá kurrë s'pagújnë rrymë.
sie niemals nicht'sie-bezahlen Strom
Sie bezahlen nie ihre Stromrechnungen.

Ma mirë vonë se kurrë.
mehr gut spät als nie
Besser spät als nie.

Wochentag, Datum und Uhrzeit

Në cílën ditë?
An welchem Tag?

Die Wochentage stehen im Albanischen immer mit Artikel:

Welcher Tag?

e hanë	(der) Montag
e martë	(der) Dienstag
e mërkúrë	(der) Mittwoch
e éjte	(der) Donnerstag
e prémte	(der) Freitag
e shtunë	(der) Samstag
e dillë	(der) Sonntag

An welchem Tag?

të hánën	am Montag
të mártën	am Dienstag
të mërkúrën	am Mittwoch
të éjten	am Donnerstag
të prémten	am Freitag
të shtúnën	am Sonnabend
të díllën	am Sonntag

Në cílin muj? In welchem Monat?

Në ... Im ...

janár	Januar
shkurt	Februar *(„der Kurze")*
mars	März
prill	April
maj	Mai
qershór	Juni *(„Kirschmonat")*
korrík	Juli *(„Erntemonat")*
gusht	August
shtatór	September *(„der Siebte")*
tetór	Oktober *(„der Achte")*
nantór	November *(„der Neunte")*
dhetór	Dezember *(„der Zehnte")*

Die Namen der Monate entsprechen zum Großteil unseren lateinischen Monatsnamen. Die letzten vier sind direkt aus dem Lateinischen ins Albanische übersetzt.

Sa asht dáta sot?
wie-viel es-ist Datum-das heute
Welches Datum haben wir heute?

Sot asht shtatëmdhétë shkurt.
heute es-ist siebzehn Februar
Heute ist der siebzehnte Februar.

Në cílën ditë e ki takímin?
in welchen Tag sie du-hast Verabredung-die
An welchem Tag hast du deine Verabredung?

Me gjashtëmdhétë mars.
mit sechzehn März
Am sechzehnten März.

Tageszeiten

minútë	Minute
sekóndë	Sekunde
mëngjés	Morgen
mesdítë	Mittag
mrámje	Abend
natë	Nacht

Sa asht óra?
wie-viel es-ist Uhr-die
Wie viel Uhr ist es?

Asht óra dhetë.
es-ist Uhr-die zehn
Es ist zehn Uhr.

Asht tetë e gjysë.
es-ist acht und halb
Es ist halb neun.

Asht pesëmdhétë në pesë.
es-ist fünfzehn in fünf
Es ist viertel vor fünf.

Asht dymdhétë e katërdhétë e kátër.
es-ist zwölf und vierzig und vier
Es ist 12 Uhr 44.

Prizren

In der kosovarischen Zeitrechnung sind die Kriegsjahre 1998 und 1999 ein entscheidender Einschnitt. Sehr oft hört man daher die Einordnung von Ereignissen, auch aus dem eigenen Leben, als

pára lúftës	vor dem Krieg
gjatë lúftës	während des Krieges
mas lúftës	nach dem Krieg

Um eine genauere Jahreszahl anzugeben, setzt man die Jahrtausende, Jahrhunderte, Jahrzehnte und Jahre wieder der Reihe nach mit e zusammen:

dymíjë e nantë
zweitausend und neun
2009

Kur je lindë?
wann du-bist geboren
Wann bist du geboren?

Jam lindë në njimíjë e nantëqínd e gjashtëdhétë e pesë.
ich-bin geboren in eintausend und neunhundert und sechzig und fünf
Ich bin 1965 geboren.

Mengen & Maße

Maßeinheiten werden immer mit der unbestimmten Form des Hauptwortes gebraucht:

dy gájbe bírra	zwei Kisten Bier
nji tubë kepë	ein Bund Zwiebeln
nji palë farmérka	ein Paar Jeans

lítër	Liter
kilográm, killë	Kilo
gram	Gramm
métër	Meter
centimétër	Zentimeter
kvadrát	Quadratmeter
tépër	viel
pak	wenig, ein bisschen
pak ma shum	etwas mehr
pak ma pak	etwas weniger
sa dush	so viel du willst, jede Menge
copë	Stück
kutí	Dose, Schachtel, Karton
gájbe	Kiste *(Obst, Bier)*
shíshe	Flasche
tubétë	Tube
kése	Tüte
paketím	Packung
palë	Paar
tubë	Bund
thes	Sack

So kann man sich beim leblebitóre *(Kichererbsenverkäufer)* seinen Snack abwiegen lassen:

Ámi dyqínd gram leblebía
e nji paketím të madh kikiríka.
gib-mir-sie zweihundert Gramm Kichererbsen und eine Packung die große Erdnüsse
Bitte zweihundert Gramm Kichererbsen und eine große Packung Erdnüsse.

Gemüseverkäufer in Prishtina

Das öffentliche Leben ist von Männern dominiert

Kurz-Knigge

Soziale Beziehungen sind für den Kosovo-Albaner alles. Jeder Albaner ist Teil eines komplizierten Geflechts von Respekt und Clanbeziehungen, das für Außenstehende nicht immer durchschaubar ist. Im Zweifelsfall werden persönliche Ansichten oder Vorlieben den Interessen der Gruppe oder Familie untergeordnet. Individualismus wie im Westen bricht sich erst allmählich und vereinzelt Bahn. Die ritualisierte Begrüßung, stundenlanges gemeinsames Kaffeetrinken und wechselseitige Einladungen dienen auch dazu, das soziale Netz aufrecht zu erhalten. Als Ausländer wird man mit Neugier, Freundlichkeit und einer oft überwältigenden Gastfreundschaft aufgenommen. Persönliche Fragen sollte man nicht abblocken, sondern ruhig zum Anlass für einen kleinen Smalltalk nehmen.

Kleinlichkeit ist den Albanern ein Graus. Wenn dem Verkäufer das Wechselgeld fehlt, wird der Preis auch schon einmal zum nächsten Euro abgerundet. Kaum ein Albaner käme auf die Idee, für kleine Gefälligkeiten, wie etwa das Festziehen von ein paar Schrauben in der Autowerkstatt, etwas zu verlangen. Daher sollte man selbst auch kulant und nicht kleinlich sein. Eine Ausnahme sind manchmal die hauptsächlich von Ausländern frequentierten Restaurants der oberen Preisklasse, hier kann man ruhig schon mal nachrechnen.

Sehr gewöhnungsbedürftig für den westeuropäischen Besucher sind der offensichtliche Mangel an Umweltbewusstsein und der allgegenwärtige Müll. In starkem Kontrast dazu stehen die stets blitzblanken Wohnungen. Erklärt wird dieser Mangel an Gemeinsinn und der Rückzug in den privaten Bereich manchmal mit den über Jahrhunderte gewachsenen schlechten Beziehungen zum Staat und seinen Behörden: Die Albaner identifizieren sich eher über ihre Familie als über ein politisches Gemeinwesen.

Für den deutschsprachigen Besucher ungewohnt ist der Gebrauch des „Du" im Albanischen, was besonders auffällt, wenn Albaner deutsch reden (häufig!). Dies hat nichts mit Mangel an Respekt zu tun.

Im Kontrast zur Berichterstattung deutschsprachiger Medien spielen organisierte Kriminalität und Korruption im Alltag kaum eine Rolle. Viele sind überrascht, dass Gewaltverbrechen, Rüpeleien oder Vandalismus offensichtlich nicht existieren – Ergebnis einer starken sozialen Kontrolle und einer gewissen Abschottung nach außen.

Noch ein Wort zur Religion. Im Kosovo mit seiner überwiegend muslimischen Bevölkerung nimmt man es mit dem Islam generell weniger genau als in anderen muslimischen Ländern. Im Klartext: Ausländer sollten sich im Kosovo selbstverständlich an allgemeine Regeln des Respekts halten, brauchen aber auch keine Angst zu haben, wenn sie sich aus Unwissenheit einmal daneben benehmen sollten.

Namen & Anrede

Neben der unbestimmten Form („Peter") wird oft die bestimmte Form („der Peter") gebraucht. Als Grundregel gilt: wenn man jemanden *anredet,* benutzt man die unbestimmte Form, wenn man *von* jemandem redet, die bestimmte (in Klammern angegeben):

Männernamen

Trim (Trími)	Held
Besník (Besníku)	der Treue
Agím (Agími)	Morgendämmerung
Gazménd (Gazméndi)	Freude
Flamúr (Flamúri)	Fahne, Banner
Yll (Ýlli)	Stern
Luan (Luáni)	Löwe

Frauennamen

Shpresë (Shprésa)	Hoffnung
Shqípe (Shqípja)	Adler; alban. Sprache
Fatmíre (Fatmírja)	Glück
Vesë (Vésa)	Morgentau
Besë (Bésa)	Schwur
Teutë (Téuta)	*(Name einer illyrischen Königin)*

Einige Namen lassen auf regionale Herkunft schließen: Dukagjín (Dukagjíni) ist eine Region des Kosovo, Drin (Dríni) ein Fluss, Korab (Korábi) ein Berg und Vlorë (Vlóra) eine Stadt in Albanien.

Im Gegensatz zu Albanien, wo ausländische, besonders italienische, Namen hoch im Kurs stehen, sind kosovarische Vornamen meistens uralbanisch und stammen oft aus der Natur oder der Mythologie.

Daneben tragen besonders Männer auch Namen, die auf die Islamisierung des Kosovo durch die Osmanen hinweisen, z. B. Muhamét (Muhaméti), Isúf (Isúfi), Osmán (Osmáni), auch Nazím (Nazími), abgekürzt Názi, gesprochen *Nasi* und ganz bestimmt nicht politisch gemeint!

Einige Frauennamen verraten recht deutlich, dass sich die Familie nach einer Reihe von Töchtern nun eigentlich einen Sohn erhofft hätte, z. B. Shkurtë (Shkúrta) „die Kurze" (= die Kette der Mädchen soll nicht länger werden), oder Pakíze (Pakízja) „das Bisschen".

Die Nachnamen sind oft weniger divers. Viele Kosovaren tragen immer noch die Familiennamen der größten und mächtigsten Clans aus der Feudalzeit, wie z. B. Gáshi, Krasníqi, Berísha, Tháçi, Kelméndi, Çéku oder Bajrámi.

Verbreitete Kosenamen, nicht nur für Kinder, sind:

zémër	(mein) Herz
zémra e nónës	Herz deiner Mutter
shpirt	(meine) Seele *(= Schatz)*
syn	(mein) Auge *(= Liebling)*
loçkë	(mein) Herzinneres *(= Herzallerliebstes)*
bukurósh	(mein) Schöner
bukuróshe	(meine) Schöne

Die berühmteste Albanerin der Welt: Mutter Teresa

Duzen & Siezen

Respekt beziehungsweise freundschaftlicher oder familiärer Umgang werden im Kosovo nicht durch den Unterschied zwischen „du“ (ti) und „Sie“ = „ihr“ (ju) ausgedrückt.

Die übliche Anrede ist fast immer das Du, vor allem Personen gegenüber, die jünger sind als man selbst. Bei hochoffiziellen Gesprächen (etwa mit Vorgesetzten, Staatsbeamten, die älter sind als man selbst) verwenden Kosovo-Albaner auch die Anrede zóti oder zotní *(Herr)* bzw. zója *(Frau)*, z. B. zóti prezidént „Herr Präsident“, zója drejtoréshë „Frau Direktorin“ oder den Nachnamen, also zója Krasníqi „Frau Krasniqi”, aber sonst wird meist geduzt.

Eine Form der respektvollen Anrede, besonders für ältere Männer und Frauen auf dem Land, lautet axhë oder mixhë *(Onkel)* für Männer bzw. ínxhe *(Tante)* für Frauen. Bisweilen hört man auch die respektvolle Anrede bac *(alter Mann)*. Es ist durchaus üblich, einen alten Mann auf dem Land, den man zum erstenmal sieht, mit Axhë, a je lodhë? (wörtl. „Onkel, bist du müde?“) zu begrüßen. Wenn der Gesprächspartner deutlich jünger als man selbst und unter 30 ist (was die große Mehrheit aller Kosovaren einschließt), lautet die Anrede oft djalë *(Junge)* oder çikë *(Mädchen)*.

Übrigens: Wenn ein Mann eine Frau als mótër *(Schwester) anredet, kann sie in der Regel davon ausgehen, dass er nicht auf Anmache aus ist.*

Duzen & Siezen

Als Ausländer sollte man, solange man noch unsicher ist, zumindest in der Stadt und mit älteren Leuten erst einmal mit ju anfangen und auf das neutrale zóti oder zotní *(Herr)* bzw. zója *(Frau)* zurückgreifen.

zotní	„mein Herr" *(ohne Name oder Titel, wie französisch „Monsieur")*
zóti	*„Herr …"* (mit Name oder Titel)
zója	„gnädige Frau" (wie „Madame"); „Frau …" *(mit oder ohne Namen)*

Zu älteren Respektspersonen:

Mirdíta, zotní!
gut-Tag Herr
Guten Tag!

Mirdíta, zója!
gut-Tag Dame-die
Guten Tag!

Zóti drejtór, a jéni mirë?
Herr-der Direktor ob ihr-seid gut
Guten Tag, Herr Direktor.

Zója drejtoréshë, a mos po ju pengój?
Frau-die Direktorin ob nicht gerade euch ich-störe
Frau Direktorin, störe ich Sie gerade?

Händeschütteln ist durchaus üblich, auch als Mann darf man getrost einer fremden Frau die Hand geben. Das Küsschen auf die Wange ist hingegen guten Freunden vorbehalten.

Sehr gut befreundete Männer geben sich zuweilen die Hand und halten kurz ihre Wangen aneinander, wobei sie die linke Hand um die Schulter des Freundes legen.

Begrüßen & Verabschieden

Begrüßungsrituale sind im Kosovo sehr wichtig, besonders auf dem Lande. Es gehört zum guten Ton, sich gegenseitig mehrmals in verschiedenen Formen nach dem Befinden zu fragen, auch wenn man den Gesprächspartner gar nicht oder kaum kennt.

Für Westeuropäer mag es komisch klingen, von einem Wildfremden gefragt zu werden: A je lodhë? (wörtlich „bist du müde"?, das soll etwa heißen: „hast du hart gearbeitet?); für Kosovaren ist das absolut normal.

Mit einem Smartphone können Sie sich die mit einem gekennzeichneten Sätze dieses Kapitels anhören. Scannen Sie einfach den QR-Code mit Hilfe einer kostenlosen App (z. B. „Barcoo" oder „Scanlife").

Mirdíta!	Guten Tag!
gut-Tag	
Mirmëngjés!	Guten Morgen!
gut-Morgen	
Mirmráma!	Guten Abend!
gut-Abend	
Tung!	Ciao! *(Begrüßung & Abschied)*

A je lodhë?
ob du-bist müde
Hast du viel gearbeitet?
(gängige Begrüßung)

Ka pak!
es-hat ein-bisschen
Es geht!
(gängige Antwort)

Jo fort, e ti?
nein stark und du
Nein, es geht, und selber?
(gängige Antwort auf A je lodhë?*)*

Në rrégull! *in Ordnung*	Alles okay.
A mújte? *ob du-konntest*	*(Gruß an jemanden, der irgendwo ankommt, sinngemäß: „Hast du den Weg gut überstanden?“)*
Qe kadál. *so langsam*	*(Antwort auf* a mújte*)*
A je mirë? *ob du-bist gut*	Geht's dir gut?
Qysh je? *wie du-bist*	Wie geht's?
Qysh po kalón? *wie gerade du-verbringst*	Wie geht's?

Qysh po t'shkon púna?
wie gerade dir sie-geht Arbeit-die
Wie läuft die Arbeit?

Mirë, falemnérës!
Gut, danke!

Çka bóne?
was du-tatest
Was gibt's?

E famílja / fmitë / príndët?
und Familie-die / Kinder-die / Eltern-die
Und die Familie / Kinder / Eltern?

Krejt mirë!
alle gut
Allen geht es gut.

E me shnet, qysh je?
und mit Gesundheit wie du-bist
Und die Gesundheit?

Po m(b)áhna.
gerade ich-halte-mich
Es geht. *(Ez)*

Po m(b)áhemi.
gerade wir-halten-uns
Es geht. *(Mz)*

Beim Abschied heißt es:

Dítën e mirë!
Tag-den den guten
Auf Wiedersehen! *(tagsüber)*

Nátën e mirë!
Nacht-die die gute
Schönen Abend noch! = Auf Wiedersehen! *(abends)*

Konzertplakat, Prishtina

Mirupáfshim! *gut-sich-wir-sollen-sehen*	Auf Wiedersehen!
Tung!	Ciao! *(bei Begrüßung und Abschied)*
Hájde, shíhemi nésër! *los wir-sehen-uns morgen*	Na dann bis morgen!
Çdo të mirë! *jede die guten*	Alles Gute!

Floskeln & Redewendungen

Zustimmung & Ablehnung

	po	ja
	áni	ja
	okéj	okay
	u bo	okay
(ohne-anders)	**pa çáre**	unbedingt
(ohne-anders)	**pa tjétër**	unbedingt
	natyrísht	natürlich
	seriozísht	im Ernst
(wie nicht?)	**qysh jo?**	selbstverständlich
	po de!	ja doch! *(ganz bestimmt)*
	U kry.	Wird gemacht.
	Jam dakórd.	Ich bin einverstanden.
	Pajtóhem.	Ich bin einverstanden.
	Ma mirë qeshtú.	Das ist besser (so).
	néjse	egal
	qe	*(etwa wie frz. „voilà“):* So. / Da. / Es geht so. *(z. B. auf die Frage „Wie geht's?“)*

S'prish punë.
nicht'es-verdirbt Arbeit
Das macht nichts.

S'po boj hajgáre.
nicht'gerade ich-mache Witze
Das ist kein Witz.

jo	nein
Mo! / Mos!	Lass das!
S'bon.	Das geht nicht.
S'asht e múndshme.	Das ist nicht möglich.
S'pajtóhna.	Ich bin nicht einverstanden.
S'asht e vërtétë.	Das ist nicht wahr.
S'ia vlen.	Das lohnt sich nicht.
gjynáh	schade
shyqýr	zum Glück
ishállah	so Gott will, hoffentlich
mashalláh	er / sie / es sei gesegnet

Mozomakéq! (= mos Zot ma keq)
nicht-Herr-mehr-schlimm
Schlimmer geht's nicht!

Zóti na rujtë!
Herr-der uns bewahre
Gott behüte!

Verwunderung & Zweifel

Po a?	Ach so? So ist das?
Jo a?	Ach, nicht?
Nimé! / Niménd!	Tatsächlich?!
Seriozísht?	Im Ernst?
S'po më besóhet.	Unglaublich.
nicht gerade mir es-sich-glaubt	

Religiöse Floskeln wie ishállah *und* mashalláh, *häufig aus dem Arabischen übernommen, gehören zum kosovarischen Sprachalltag und können getrost verwendet werden, auch wenn sie gegebenenfalls ein Lächeln hervorrufen, wenn ein Nicht-Moslem sie im Munde führt. Genau wie im Deutschen bedeutet das Wort „Herr“* (zot) *auch „Gott“.*

Verstehen & Wissen

A?	Hä?
Qysh?	Wie?
Urnó? / Urnóni?	Wie bitte?
S'po marr vesh.	Ich verstehe nicht.
nicht'gerade ich-nehme Ohr)	
S'po kuptój.	Ich verstehe nicht.
S'kom marrë vesh.	Ich habe nicht verstanden.
S'kom kuptú.	Ich habe nicht verstanden.
Kuptóva.	Ich habe verstanden.
... do me thon ...	... das heißt ... *(... mit anderen Worten ...)*
Nuk e di.	Ich weiß (es) nicht.

Fol pak ma kadál, të lútem.
Sprich bitte etwas langsamer.

Fólni ma kadál, ju lútem.
Sprecht / Sprechen Sie bitte langsamer.

Tash kuptóva.
Jetzt habe ich verstanden.

E di, e di.
Ich weiß, ich weiß.

Im Kosovo-Albanischen gibt es darüber hinaus viele sprachliche „Verstärker" (wie im Deutschen z. B. „echt", „total", „bloß"), die die Bedeutung des Satzes noch unterstreichen.

Diese sprachlichen „Schmiermittel" muss man selber als Ausländer nicht unbedingt gebrauchen. Man sollte sie aber verstehen, weil sie in fast jedem Satz vorkommen.

Ça me bo, bre!
was zu tun (Verstärkung)
Da kann man echt nichts machen!

Ku, moré?
wo (Verstärkung)
Wo denn bloß?

Çka hamámin po bon?
was (Verstärkung) gerade du-machst
Was zum Teufel machst du denn da?

Híqe, moré, dórën!
nimm-sie-weg (Verstärkung) Hand-die
Nimm bloß deine Finger weg!

Pásha Zótin, s'e di!
ich-möge-sehen Herrn-den nicht'es ich-weiß
Ich weiß es beim besten Willen nicht!

Bitten, Danken, Entschuldigen

Të lútem.
dich ich-bitte
Ich bitte dich.

Ju lútem.
euch ich-bitte
Ich bitte euch / Sie.

A múnesh ... ?
ob du-kannst
Können Sie ... ?

A múneni ... ?
ob ihr-könnt ...
Könnt ihr / Können Sie ... ?

A mos múnesh ... ?
ob nicht du-kannst
Könnten Sie ... ?

A mos múneni ... ?
ob nicht ihr-könnt...
Könnten Sie *(Mz)* bitte ... ?

A ka mundsí ... ?
ob es-hat Möglichkeit
Könntest du bitte ... / Könnten Sie bitte ... ?

Falemnérës!
Falemindérit!
Danke!

Shum falemnérës!
viel danke
Danke sehr!

Falemnérës édhe júve.
danke auch euch
Ihnen auch vielen Dank.

Me nder qofsh.
mit Ehre du-sollst-sein
Bitte.

S'ka për se.
nicht'es-hat für was
Keine Ursache!

S'ka gja.
nicht hat Sache
Keine Ursache!

Kurrgjá!
kein-Ding
Keine Ursache!

Die zuletzt genannten Floskeln sind gleichzeitig auch Antworten auf „Entschuldigung":

Më fal / Më fálni!
mich du-entschuldigst / mich ihr-entschuldigt
Entschuldigung!

Will man sich nur an einer engen Stelle durchdrängen, sagt man einfach:

Më fal, veç pak!
mich du-entschuldigst nur ein-bisschen
Kann ich mal eben ... ?

Wenn man wirklich um Entschuldigung für ein Fehlverhalten bittet, kann folgende Floskel nicht schaden:

Më vjen keq!
mir es-kommt schlecht
Es tut mir Leid!

E kom bo pahíri.
es ich-habe gemacht absichtslos
Ich habe es nicht mit Absicht getan.

Glückwünsche & Bedauern

Bei freudigen oder traurigen Anlässen sollte man sich nicht scheuen, seine Anteilnahme auszudrücken. Ob zu ditëlíndje *(Geburtstag)*, féjesë *(Verlobung)*, dársëm *(Hochzeit)*, Geburt eines Kindes oder synét *(Beschneidung)*: Immer passend ist die einfache Formel für „Herzlichen Glückwunsch“: Uríme!

Uríme!
Glückwünsche
Herzlichen Glückwunsch!

Uríme ditëlíndjen!
Glückwünsche Geburtstag-den
Herzliche Glückwünsche zum Geburtstag!

U bofsh njiqínd vjeç!
sich du-sollst-machen einhundert Jahre
Ein langes Leben!

Bajrám *(Zuckerfest, Ende des Ramadan) ist einer der höchsten islamischen Feiertage.*

Me fat Bajrámin! *mit Glück Bajram-den*	Frohen Bajram!
Rrúga e mbarë! *Weg-der der gute*	Gute Reise!
Púna e mbarë! *Arbeit-die die gute*	Gutes Gelingen!
Me fat! *mit Glück*	Viel Erfolg! Viel Glück!
Ju boft mirë! *euch es-soll-machen gut*	Guten Appetit!
Shnet! *Gesundheit*	Gesundheit!
Shnet paç. *Gesundheit ich-habe*	*(Antwort auf* shnet*)*
Bofsh hájër! *du-sollst-tun Gutes*	Allerbesten Dank!

(nach Niesen usw...)

Ansonsten gibt es noch eine Reihe von Redensarten für bestimmte Gelegenheiten, die im Deutschen keine Entsprechung haben:

(Einladung)

(wenn z. B. ein Kind lobend erwähnt wird)

Bujrúm!	*(sinngemäß:)* Komm in unsere Mitte!
Mashallá!	*(sinngemäß:)* Möge es nicht vom bösen Blick getroffen werden!
E bajsh me shnet! *es du-sollst-tragen mit Gesundheit*	*(an den neuen Besitzer eines Kleidungsstücks)*

Të kcéfsha në dársëm!
dir ich-soll-tanzen in Hochzeit
Hoffentlich kommst du bald unter die Haube!

Das erste Gespräch

Beliebte Themen, wenn man sich zum ersten Mal unterhält, sind genau wie bei uns die Herkunft, die Familie oder auch die Arbeit.

Mit einem Smartphone können Sie sich die mit einem gekennzeichneten Sätze dieses Kapitels anhören.

Prej kah je?
von welche-Richtung du-bist
Woher kommst du?

Jom prej Gjermanísë / Zvícrës / Austrísë.
ich-bin aus Deutschland-dem / Schweiz-der / Österreich-dem
ich komme aus Deutschland / der Schweiz / Österreich.

Da die in Deutschland, der Schweiz oder Österreich lebenden Kosovo-Albaner auch oft als gjermánë bzw. zviceránë oder austriákë, umgangssprachlich auch als shác*i* *(Schatzi)* bezeichnet werden, kann hier je nach Akzent und Aussehen die Nachfrage kommen:

Me prejárdhje shqiptáre?
mit Herkunft albanische
Bist du gebürtiger Albaner / gebürtige Albanerin?

Jo, hiç, jom krejt gjermán(e) / zvicerán(e) / austriák(e).
nein gar-nicht ich-bin ganz Deutsche(r) / Schweizer(in) / Österreicher(in)
Nein, überhaupt nicht, ich habe keinerlei albanische Wurzeln.

Po fólshe shum mirë shqip!
gerade du-sprichst-ja sehr gut Albanisch
Du sprichst ja sehr gut Albanisch!

E páske mësú gjúhën mirë.
sie du-hast-ja gelernt Sprache-die gut
Du hast aber gut Albanisch gelernt.

Veç kom fillú me mësú shqípen.
nur ich-habe angefangen zu lernen Albanisch-das
Ich habe gerade erst angefangen, Albanisch zu lernen.

A po punón në Kosóvë?
ob gerade du-arbeitest in Kosovo
Arbeitest du im Kosovo?

Jo, kom ardh veç me vizitú.
nein ich-habe gekommen nur zu besuchen
Nein, ich bin nur zu Besuch hier.

Po, punój për EULEX-in.
ja ich-arbeite für EULEX-die
Ja, ich arbeite für die EU-Polizei- und Justizmission.

Qe sa kohë je në Kosóvë?
seit wie-viel Zeit du-bist in Kosovo
Wie lange bist du schon hier?

Kom arrí pára dy mujsh.
ich-habe angekommen vor zwei Monaten
Ich bin vor zwei Monaten angekommen.

A po të pëlqén Kosóva?
ob gerade dir es-gefällt Kosovo-das
Gefällt's dir im Kosovo?

Immer hilfsbereit: Taxifahrer in Peja

Njérëzit janë shum të áfërt.
Leute-die sie-sind sehr die nahen
Die Leute sind hier sehr freundlich.

Mos me pasë bërllóg kahmós, kish me konë vend shum i búkur.
nicht zu gehabt Müll überall es-wäre zu gewesen Ort sehr der schöne
Es wäre ein so schönes Land, würde nicht überall Müll rumliegen.

A po të pëlqéjnë fémnat kosováre?
ob gerade dir sie-gefallen die-Frauen albanische
Gefallen dir die albanischen Frauen?

Po, po tashmá jom i martúm.
ja aber schon ich-bin der verheiratete
Ja schon, aber ich bin schon verheiratet.

Qysh e ki émnin?
wie ihn du-hast Namen-den
Wie heißt du?

Unë jom Agími.
ich ich-bin Agim-der
Ich heiße Agim.

Më vjen mirë!
mir es-kommt gut
Sehr angenehm!

Zu Gast sein

Im Haus werden die Schuhe ausgezogen, auf dem Lande auch schon draußen vor der Tür. Vielfach wird man sie beim Gehen frisch geputzt und mit den Fersen zum Haus ausgerichtet bequem bereitgestellt wiederfinden.

Jeder Gast ist dem Kosovaren heilig, besonders auf dem Land. Wer mit vorheriger Einladung kommt, kann davon ausgehen, dass die zója e shpis *(Frau des Hauses)* und die anderen weiblichen Familienangehörigen zumindest einen halben Tag in der Küche geschuftet haben, um den Gast würdig zu empfangen. Bei den alltäglichen spontanen Besuchen wird wenigstens Tee, Kaffee (im türkischen Stil) oder Cola gereicht, manchmal auch Snacks wie geröstete Kichererbsen oder Nüsse.

Blumen zu schenken ist unter Kosovo-Albanern nicht üblich; sie sind auch kaum zu finden. Als Mitbringsel besser geeignet sind Süßigkeiten oder kleine Geschenke für die Kinder. Die Höflichkeit gebietet, das Geschenk ungeöffnet zur Seite zu legen und die Aufmerksamkeit gleich wieder dem Gast zuzuwenden. Die Ehrenstellung des Gastes schließt selbstverständlich ein, dass er oder sie auf dem Sofa sitzen bleibt und von vorn bis hinten bedient wird. Die Küche zu betreten oder gar mithelfen zu wollen, bedeutet einen schweren Verstoß gegen die Landessitte!

Das kosovarische Nationalgericht: flía

Hájde(ni) me nejtë!
los(-ihr) zu bleiben
Komm(t) uns doch besuchen!

Dóku!
zeig-dich
Lass dich mal wieder sehen!

Hájde(ni) për darkë!
los(-ihr) für Abendessen
Komm(t) zum Abendessen vorbei!

Me shum qef!
mit viel Lust
Sehr gerne!

Mit einem Smartphone können Sie sich die mit einem gekennzeichneten Sätze dieses Kapitels anhören.

Jo, vallá, sot s'múnem.
nein bei-Gott heute nicht'ich-kann
Leider kann ich heute nicht.

Náshta nésër?
vielleicht morgen
Aber vielleicht morgen?

Hájde, urnó(ni) mréna!
los befiehl (befehlt) herein
Komm(t) doch herein!

Mirë se t'ka pru Zóti.
gut dass dich'er-hat gebracht Gott
Schön, dass du da bist.

Të lúmshin kámët!
dir sie-sollen-gesegnet-sein Beine-die
(sinngemäß:) Wie schön, dass du gekommen bist.
(= dass dich deine Beine hergebracht haben)

Mirë se víni!
gut dass ihr-kommt
Willkommen!

Mirë se érdhët!
gut dass ihr-kamt
Willkommen!

Die einzig richtige Antwort hierauf lautet:

Mirë se të gjej!
gut dass dich ich-vorfinde
(sinngemäß:) Danke! *(zu einer Person)*

Úlu!
setz-dich
Setz dich!

Úluni!
setzt-euch
Setzt euch! / Setzen Sie sich!

Qysh e don káfen?
wie ihn du-willst Kaffee-den
Wie möchtest du deinen Kaffee?

Të mésme.
den mittel
Nicht so süß.

A ki hángër?
ob du-hast gegessen
Möchtest du etwas essen?

Dhézni ka nji.
zündet-an jeweils eine
Lasst uns eine rauchen.

(dabei rechte Hand aufs Herz legen)

Për besë, unë s'e pij (duhánin).
für Schwur ich nicht ihn ich-trinke (Tabak-den)
Danke, aber ich rauche nicht.

(dabei rechte Hand aufs Herz legen)

Vallá, s'e ha míshin.
bei-Gott nicht es ich-esse Fleisch-das
Es tut mir leid, aber ich esse kein Fleisch.

Es gehört zum guten Ton, die Kochkünste der Hausfrauen zu loben.

Ish shum e shíshme!
es-war sehr das leckere
Es hat sehr gut geschmeckt!

Të lúmshin durt!
dir sie-sollen-gesegnet-sein Hände-die
Gesegnet seien deine Hände!

Wenn man so langsam gehen möchte:

A po më jépni ízën?
ob gerade mir ihr-gebt Erlaubnis
Ich muss jetzt leider gehen.

... worauf man in der Regel hört:

Rrimë!
bleiben-wir
Bleib(t) doch noch ein bisschen!

In jedem Fall sollte man sich für den Abschied Zeit nehmen und sich für die Gastfreundschaft ausgiebig bedanken.

Falemnérës shum!
Danke sehr!

Falemnérës për mikprítje!
danke für Freund-Wartung
Danke für die Gastfreundschaft!

U knáqa shum.
sich ich-genoss sehr
Es war sehr schön.

Mérre shóqën / shókun, e hájde prapë!
nimm-sie/ihn Frau-die / Mann-den und los wieder
Komm nächstes Mal mit deiner Frau / deinem Mann!

Die Totenwache

Auch für Ausländer ist dies eine Gelegenheit, Respekt zu zeigen und mit den Nachbarn ins Gespräch zu kommen.

Dann sitzt man zusammen, trinkt Kaffee oder Cola und macht Smalltalk in gedämpftem Ton. Wie lange man bleibt, hängt davon ab, wie gut man die Familie kennt und wie bald neue Trauergäste eintreffen.

Häufig sieht man einen Stuhl mit einem Handtuch vor der Tür eines Hauses stehen. Dieses Zeichen weist auf einen rast i vdékjes *(Todesfall)* hin. In dem Haus wird also gerade die zwischen drei und sieben Tagen dauernde Totenwache gehalten. (Der Verstorbene ist zu diesem Zeitpunkt meist bereits auf der varrézë *[dem Friedhof]*, da er nach islamischem Ritual innerhalb von 24 Stunden begraben werden muss). Für jeden auch nur entfernten Verwandten oder Nachbarn ist es Pflicht, hier ins Haus zu kommen und sein Beileid auszudrücken: me shku për kryshnósh, wörtlich: „Kopfheilen" *(= trösten gehen)*.

Männer und Frauen trauern in getrennten Zimmern; meist kommt einem ein Familienmitglied bereits an der Haustür entgegen und geleitet den Gast in den „richtigen" Raum. Beim Eintritt des Gastes erheben sich die Anwesenden, der Eintretende schüttelt jedem die Hand und kann die folgenden Floskeln sagen:

Beileid bekunden

Ngushëllíme!	Herzliches Beileid!
Mos u mërzítni!	Herzliches Beileid!
nicht sich ihr-grämt-euch	
Zóti ju lasht shnosh!	Herzliches Beileid!
Gott euch er-soll-lassen Gesundheit	

Die Großfamilie

Wer näher mit Kosovo-Albanern zu tun hat, kommt an der Bekanntschaft mit der erweiterten Großfamilie meist nicht vorbei.

In der Regel wohnen mehrere Generationen unter einem Dach. Traditionsgemäß zieht die Frau nach der Heirat in das Elternhaus ihres Mannes, in dem neben den Eltern auch die Brüder mit ihren Familien wohnen. Wenn Albaner bauen, wird deshalb pro Sohn ein Stockwerk gerechnet.

Das Kosovo hat die höchste Geburtenrate Europas. Erst nach dem Kosovokrieg und der darauf folgenden Verstädterung, aber auch, weil heute etwas mehr Frauen berufstätig sind, gleichen sich die Geburtenraten langsam dem europäischen Durchschnitt an.

Das Geflecht der familiären Bindungen bietet ein tragfähiges soziales Netz, allerdings kann sich der Einzelne dadurch auch eingeengt fühlen. In den großen Städten gibt es eine zunehmende Schicht junger gebildeter Kosovaren, die sich nach Möglichkeit von der Großfamilie abzunabeln versuchen.

Ständig sind Cousinen, Neffen, Tanten, Onkel, Schwager, Schwägerinnen und Schwippschwägerinnen zu Besuch und tauschen Neuigkeiten aus der Großfamilie aus. Als Gast muss man damit rechnen, ausgiebig über seine Familienverhältnisse ausgefragt zu werden.

die Großfamilie

babë / bába	Vater
gjysh / gjýshi	Großvater
vëllá / vëlláu	Bruder
djalë / djáli *oder* **bir / bíri**	Sohn

Die erste Form ist immer die unbestimmte („ein Bruder"), die zweite die bestimmte („der Bruder").

burrë / búrri *oder* **shok / shóku**	Ehemann
axhë / áxha *oder* **mixhë / míxha**	Onkel väterlicherseits
dajë / dája	Onkel mütterlicherseits
nip / nípi	Neffe, Enkel
kusherí / kusheríni	Cousin
dhándër / dhándri	Schwiegersohn
kunát / kunáti	Schwager
vjéhër / vjéhri	Schwiegervater
nonë / nóna	Mutter
gjýshe / gjýshja	Großmutter
mótër / mótra	Schwester
çikë / çíka *oder* **vajzë / vájza** *oder* **bijë / bíja**	Tochter
gru / grúja *oder* **shóqe / shóqja**	Ehefrau
mbesë / mbésa	Nichte, Enkelin
kusherínë / kusherína	Cousine
hallë / hálla	Tante väterlicherseits
téze / tézja	Tante mütterlicherseits
re / réja	Schwiegertochter
kunátë / kunáta	Schwägerin
vjéhër / vjéhra	Schwiegermutter

Vor allem ältere Albaner verwenden shóku *oder* shóqja *(wörtlich „Freund" / „Freundin") als Umschreibung für den Ehemann oder die Ehefrau.*

Ky asht shóku jem.
dies er-ist Mann-der mein
Dies ist mein Mann.

Ky asht búrri jem.
dies er-ist Mann-der mein
Dies ist mein Mann.

Kjo asht shóqja jéme.
dies sie-ist Frau-die meine
Dies ist meine Frau.

Kjo asht grúja jéme.
dies sie-ist Frau-die meine
Dies ist meine Frau.

Oma und Enkelkind auf dem Balkon

Wenn jüngere Albaner ihren Freund oder die Freundin vorstellen, heißt es meist nur ky asht + *Name des Freunds* oder kjo asht + *Name der Freundin.* Die anderen Albaner verstehen dann schon, was Sache ist.

Wenn man aber als Ausländer seinen Partner als shóku jem oder shóqja jéme vorstellt, werden sich die meisten ihren Teil denken. Im Zweifelsfall wird man nachfragen:

A jéni të martúm?
ob ihr-seid die verheiratet
Seid ihr verheiratet?

Jo, po banójmë bashk.
nein aber wir-wohnen zusammen
Nein, aber wir wohnen zusammen.

Këta janë príndët e mi.
diese sie-sind Eltern-die die meinen
Dies sind meine Eltern.

Die Großfamilie

Ky asht ...
Dies *(m)* ist ...

bába jem	mein Vater
gjýshi jem	mein Großvater
vëlláu jem	mein Bruder
míxha jem	mein Onkel (väterl.)
dája jem	mein Onkel (mütterl.)
nípi jem	mein Neffe / mein Enkel

Më vjen mirë!
mir es-kommt gut
Sehr angenehm!

Kjo asht ...
Dies *(w)* ist ...

nóna jéme	meine Mutter
mótra jéme	meine Schwester
gjýshja jéme	meine Großmutter
núsja jéme	meine Verlobte
hálla jéme	meine Tante (väterl.)
tézja jéme	meine Tante (mütterl.)

Alle diese Frauen und noch eine Reihe Freundinnen zusammen kann erleben, wer zu einem kanagjéç eingeladen wird, dem traurig-fröhlichen Abschied der Braut von ihrem „Mädchendasein" am Tag vor der Hochzeit. Einer solchen Einladung sollte frau unbedingt folgen, denn der kanagjéç ist meist lustiger als die Hochzeit selbst!

Die núsja *(Braut)* wird übrigens auch noch nach der Hochzeit so genannt – zumindest so lange, bis sie ihr erstes Kind zur Welt bringt und dann darauf hoffen darf, in der Familienhierarchie allmählich aufzusteigen.

A je i martúm / e martúme?
bist du der verheiratete / die verheiratete
Bist du verheiratet?

A ki fmij?
ob du-hast Kinder
Hast du Kinder?

Sa fmij ki?
wie-viel Kinder du-hast
Wie viele Kinder hast du?

Kom nji djalë e nji çikë.
ich-habe einen Jungen und ein Mädchen
Ich habe einen Sohn und eine Tochter.

Jo, halá s'kom.
nein noch nicht'ich-habe
Ich habe noch keine Kinder.

Fmitë e mi janë të rrítun.
Kinder die meinen sie-sind die gewachsen
Meine Kinder sind schon erwachsen.

junge Frauen vom Lande

Essen & Trinken

Kulinarisch ist das Kosovo ein Treffpunkt südmitteleuropäischer und mediterraner Traditionen, vor allem der italienischen Küche und nicht zuletzt der Balkan-Spezialitäten. Zu letzteren gehören z. B. Gerichte in Blätterteig wie byrék (*Börek*, eine Pastete mit salziger Füllung) oder píte *(geschichteter Blätterteig mit Füllung)* und gegrilltes Fleisch wie qýfte *(Köfte)*, qebáp *(Cevapcici)* und shishqebáp *(Fleischspieße)*, außerdem das klebrig-süße türkische bakllávë *(Baklava)*.

Der Einfluss der österreichisch-ungarischen Herrschaft auf dem Balkan schlägt sich auch in den Namen einiger Gerichte und Lebensmittel nieder. In Albanien kennt man diese Bezeichnungen oft nicht.

Übrigens: Die Albaner gelten noch heute im ganzen Ex-Jugoslawien als Spezialisten für Süßspeisen, viele betreiben nach wie vor ihre Konditoreien in Zagreb oder Sarajevo.

pallaçínka	Palatschinken (Crêpe)
vírshlle	(Würstel)
ribízlla	Ribisl (Johannisbeeren)
kífle	Kipferl (Milchbrötchen, Hörnchen)

Die italienische Küche übt ihre Breitenwirkung mit Pizza und Pasta auch im Kosovo aus. Darüber hinaus hat sie feine Gerichte aus Fleisch und Mittelmeerfisch mitgebracht.

Das kosovarische Nationalgericht ist der flía, ein vielschichtiger Pfannkuchen mit

Schichten von mit Sahne gemischtem Joghurt dazwischen, der in stundenlanger Arbeit in einer flachen Pfanne (tepsí) über offenem Feuer zubereitet wird. Außerdem typisch ist das Eintopfgericht pasúl aus weißen Bohnen mit Fleisch. Sehr gerne, mehr als bei uns, isst man Gerichte mit spéca *(Paprika)* und spanáq *(frischem Spinat)*. In der Regel wird zu allen Speisen bukë *(Weißbrot)* gereicht.

Gut für eine vegetarische Ernährung sind die frischen Salate und die vielen Gerichte mit djath *(weißem Käse)*. Eine kleine Einkaufsliste, auch mit Lebensmitteln, findet sich im Kapitel „Kaufen & Handeln“.

im Café / Restaurant

Das Café (kafenéja) ist für die Kosovaren (vor allem für die Männer und Jugendlichen) Treffpunkt, Beobachtungsstation und zweite Heimat zugleich. Die Aufforderung hájde njihérë me pi nji káfe *(Lass uns mal einen Kaffee trinken)* zählt eigentlich mit zu den gängigen Verabschiedungsfloskeln. Aber auch Ausländer, die sonst nie Kaffee anrührten, sind im Kosovo schon zu Kaffeetrinkern geworden. Vielleicht weil der Kaffee hier besser ist? Die Cafés bieten die ganze Palette italienischer Kaffeezubereitungen an und haben die Qualität und die Namen (esprésso, makiáto, frappé) aus Italien übernommen, aber nicht die Preise! Man bestellt im Wenfall:

nji ...
(Bitte) ein ...

esprésso të vógël	einen kleinen Espresso
makiáto të mádhe	einen großen Macchiato
ujë me gaz	ein Wasser mit Kohlensäure
ujë pa gaz	ein Wasser ohne Kohlensäure
ujë të thjeshtë	ein „einfaches Wasser" *(Leitungswasser bzw. ohne Kohlensäure)*
çaj të zi	einen schwarzen Tee
çaj náne	einen Pfefferminztee
lang portokálli *auch:* **xhus** *(juice)*	einen Orangensaft
shveps	ein Schweppes
bámbi	eine heiße Milch mit Schokoladensirup
porción akullóre (tre tóptha)	eine Portion Eis (drei Kugeln)
birrë me krígëll	ein Bier vom Fass *(„mit Krügel")*
gotë venë të kúqe	ein Glas Rotwein
shíshe venë të bardhë	eine Flasche Weißwein

Die meisten Cafés und Kneipen haben keine Speisen im Angebot. Zum Essen muss man einen gjelltóre *(Imbiss,* wörtl.: *Speise-Verkäufer)* oder qebaptóre *(Grill, =Kebap-Verkäufer)* aufsuchen.

Oder man begibt sich ins restoránt, *wo sich sogleich ein* kamariér *(Kellner) einstellen wird.*

A ma bjen menýnë, të lútem?
ob mir-sie du-bringst Speisekarte-die dich ich-bitte
Bitte die Speisekarte!

Einen Teil der Speisekarte versteht man schon, wenn man sich die Wörter einmal selbst vorliest. Dann erkennt man nicht nur ramsték *(Rumpsteak)* und bifték *(Beefsteak)*, sondern auch andere lautgerechte Schreibweisen. Viele Zutaten scheinen sowieso aus der deutschen Küche übernommen zu sein, z. B. senf sos *(Senfsauce)*, shllag *(Schlagsahne)* oder krójter púter *(Kräuterbutter)*. Davon abgesehen wird die Speisekarte auf Standard-Albanisch gehalten sein.

Zutaten

mish púle	Hühnchen
mish qíngji	Lamm-, Hammelfleisch
mish víçi	Kalbfleisch, Rindfleisch
oríz	Reis
spec	Paprika
suxhúk	Rindswurst
túna	Thunfisch
ullínj	Oliven
kajmák	saure Sahne

Zubereitungsarten

në skarë	gegrillt
në tavë	in einer Tonform, heiß aus dem Ofen serviert
në furrë	im Ofen gebacken
të fërgúar	gebraten
të zíer	gekocht

Pommesbude in Prizren

Nji picë të mádhe.
eine Pizza die große
Eine große Pizza.

Nji picë të vógël.
eine Pizza die kleine
Eine kleine Pizza.

Das kosovarische Wasser wird selten serviert – zu Unrecht. Es ist nämlich sehr gut und eines der wenigen exportfähigen einheimischen Produkte.

A mos ki ujë minerále kosováre?
ob nicht du-hast Wasser mineralisches kosovarisches
Haben Sie kosovarisches Mineralwasser?

Wenn noch etwas fehlen sollte:

A bon édhe nji ...
ob es-macht noch ein ...
Können wir / Kann ich noch ein(e) ... haben?

pirún	Gabel
thikë	Messer
lugë	Löffel
pjatë	Teller

gotë	Glas
pallómë	Serviette
gjysë porcióni	halbe Portion
shíshe ujë	Flasche Wasser
shpuzóre	Aschenbecher
me e bo pagésën	zahlen

A bon llogarínë, të lútem?
ob es-macht Rechnung-die dich ich-bitte
Die Rechnung, bitte.

Reste eines üppigen Essens darf man gerne mit nach Hause nehmen:

A múnesh me na e mbeshtjéll?
ob du-kannst zu uns es einpacken
Können Sie es uns einpacken?

A mos ka nji gabím qetú?
ob nicht es-hat einen Fehler hier
Mir scheint, hier ist ein Fehler.

Meist wird die Rechnung aber in Ordnung sein. Ein bakshísh *(Trinkgeld)* lässt der zufriedene Kunde nach dem Zahlen einfach auf dem Tisch liegen.

Um dem Kellner klar zu machen, dass er kein kusúr *(Wechselgeld)* zurückgeben soll, sagt man beim Bezahlen einfach:

Në rrégull asht!
in Ordnung ist
Stimmt so!

Kaufen & Handeln

Mit einem Smartphone können Sie sich die mit einem gekennzeichneten Sätze dieses Kapitels anhören.

Das Kosovo ist bestimmt kein Einkaufsparadies, aber man findet alles, was man braucht, um die Grundbedürfnisse abzudekken. Schwer hat es hingegen, wer kosovarische Erzeugnisse kaufen möchte, da nur die wenigsten Güter im Land selbst produziert werden.

Eingekauft wird in den kleinen Einzelhandelsläden, die sämtliche Innenstädte dominieren, auf dem Basar oder in den großen Supermärkten an den Ausfallstraßen. Das Sortiment ist oft identisch und trifft nicht immer den westeuropäischen Geschmack.

Die Preise für vergleichbare Gebrauchsgüter und Kleidung sind zum Teil höher als in Westeuropa. Viele Kosovaren beklagen sich, die Präsenz der vielen gut bezahlten ausländischen Helfer hätte die Preise nach oben getrieben. Handeln ist im Kosovo jedoch eher unüblich.

Urnó!
befiehl
Was darf es sein?

Veç po kqýri.
nur gerade ich-gucke
Ich schaue mich nur mal um.

A ki ... ?
ob du-hast
Hast du ... ?

A kéni ... ?
ob ihr-habt
Habt ihr ... / Haben Sie ... ?

A mos ki ... ?
ob nicht du-hast
Hast du vielleicht ... ?

A mos kéni ... ?
ob nicht ihr-habt
Haben Sie vielleicht ... ?

Jo, vallá, s'kéna.
nein bei-Gott nicht'wir-haben
Leider nein.

Sa bon?
wie-viel es-macht
Was kostet das?

Sa kushtójnë ... ?
wie-viel sie-kosten
Was kosten ... ? *(Mz)*

... kjo maícë?	... dieses T-Shirt?
... ky plis?	... dieser Plis?
... këtó farmérka?	... diese Jeans?

Ein plis *ist ein traditioneller Filzhut in Form einer Eierschale, wie er im ganzen nord-albanischen Siedlungs-gebiet getragen wird* *(Foto auf Seite 62).*

A múnesh me ma tregú ... ?
ob du-kannst zu mir-es zeigen
Können Sie mir ... zeigen?

Kët ktu, jo at atý.
diesen dort nein diesen hier
Den da, nicht diesen hier.

A kéni nji númër ma të vógël / të madh?
ob ihr-habt eine Nummer mehr die kleine / die große
Gibt es das auch eine Nummer kleiner / größer?

Shtrejt asht, a bon m'e marrë për pesë éuro?
teuer ist ob es-macht zu'ihn nehmen für fünf Euro
Das ist teuer, geht's auch für fünf Euro?

Ty po ta lo për gjashtë éuro.
dir gerade dir-ihn ich-lasse für sechs Euro
Für Sie sechs Euro.

Në rrégull! P'e marr!
in Ordnung gerade'ihn ich-nehme
Okay, ich nehme ihn!

Auch Lebensmittel werden meist importiert, bis hin zu Obst, Gemüse und Milchprodukten. Erst langsam setzt sich das Bewusstsein durch, dass einheimische Produkte auch einheimische Abeitsplätze schaffen. Das Sortiment kosovarischer Erzeugnisse nimmt seit einiger Zeit zu. Quantität ist in der Regel wichtiger als Qualität, denn die Löhne im Kosovo sind lächerlich gering, und die Familien groß. Auf dem Markt macht man die Großeinkäufe; nur ein Kilo Äpfel oder ein Pfund Tomaten zu kaufen, ist eher unüblich. Allerdings kann man sich seine Einkäufe hier

Lastenfahrer auf dem alten Basar in Prishtina

vielerorts für ein bis zwei Euro mit einer Schubkarre bis vor die Haustür oder zum geparkten Auto karren lassen.

Ku muj me gjetë ... ?
wo ich-kann zu finden
Wo kann ich ... finden?

Múnesh me provú atý, áfër trégut të gjélbërt.
du-kannst zu probieren dort nahe Markt-dem dem grünen
Sie können es da drüben beim Gemüsemarkt probieren.

Sa kushtón nji killë?
Wie viel kostet ein Kilo?

nji e gjysë
eins und halb
ein Euro fünfzig

A muj m'e provú?
ob ich-kann zu'es probieren
Kann ich probieren?

Janë shum të míra, shum të shíjshme / të lángshme.
sie-sind sehr die guten sehr die schmackhaften / die saftigen
Die sind sehr gut, schmecken toll / supersaftig.

A janë të Kosóvës?
ob sie-sind die Kosovo-des
Sind das Einheimische?

Jo, qetó janë të Turqísë. Ató atý janë të Kosóvës.
nein die-hier sind die Türkei-der jene dort sie-sind die Kosovo-des
Nein, die sind aus der Türkei, die da drüben sind Einheimische.

A ma jep gjysë kílle?
ob mir-es du-gibst halbes Kilo
Geben Sie mir bitte ein Pfund.

A muj me ta bo pak ma shum?
ob ich-kann zu dir-es machen ein-wenig mehr viel
Darf es etwas mehr sein?

Jo, s'muj me hángër kaq.
nein nicht'ich-kann zu essen so-viel
Nein, ich kann nicht so viel essen.

Tjétër?
anderes
Darf es sonst noch etwas sein?

Jo, qaq.
nein so-viel
Danke, das ist alles.

Falemnérës, s'ka nevójë për kése.
danke nicht'es-hat Notwendigkeit für Sack
Danke, ich brauche keine Plastiktüte.

Pse? Fálas asht!
warum gratis sie-ist
Wieso denn nicht? Die ist doch umsonst!

Obst & Gemüse

Die unten angegebenen Köstlichkeiten des Marktes sind in der unbestimmten Form in der Mehrzahl angegeben. Fragt man nach dem Preis, so wird, wenn es ganz korrekt zugehen soll, noch ein -t für die bestimmte Form angehängt:

Sa janë patlixhánat?
wie-viel sie-sind Tomaten-die
Was kosten die Tomaten?

Sa i ki banánet?
wie-viel sie du-hast Bananen-die
Was kosten die Bananen?

Obst

mólla	Äpfel
dárdha	Birnen
banáne	Bananen
drézdha	Erdbeeren
kúmlla	Pflaumen
pjéshka	Pfirsiche
kajsíja	Aprikosen
limóna	Zitronen
portokáj	Apfelsinen
qershía	Süßkirschen
víshnje	Sauerkirschen
fiq	Feigen

Gemüse

kepë / qepë	Zwiebeln
kompír / patáte	Kartoffeln
domáte	Tomaten *(standardspr.)*
patlixhána	Tomaten *(kosovarisch)*
patlixhána të zi	Auberginen
kastravéca / tránguj	Gurken
spéca	Paprika
... djegs	... scharf
... padjégs	... mild
kúnguj	Zucchini
húdra	Knoblauch
gështénja	Esskastanien (Maroni)

Fast ebenso „authentische“ Einkaufserlebnisse bieten die vielen Läden mit volltönenden Namen wie minimarkét, supermarkét, maximarkét, *die aber nichts über die tatsächliche Größe des Geschäfts aussagen. Die meisten sind Tante-Emma-Läden im Viertel.*

Folgende Lebensmittel stehen immer in der Einzahl, weil sie sozusagen als Masse und nicht als Stücke wahrgenommen werden:

lákën	Kohl
rrush	Weintrauben
spánaq	Spinat

Sa e ki húdrën?
wie-viel ihn du-hast Knoblauch-den
Wie viel kostet der Knoblauch?

Und wenn man das vor einem Liegende zwar sieht, es aber partout nicht zu benennen weiß, behilft man sich notfalls mit

dy prej ktýne	zwei von diesen
do prej atýne	ein paar von denen
pak prej ksaj	etwas von dem

Wer nur seine kolícë *(Einkaufswagen) schnell für die nächste Woche vollladen will, versorgt sich in einem der großen Einkaufszentren am Rand der Städte.*

Ku e kéni ...
wo es ihr-habt
Wo haben Sie ... ?

Po kërkój ... / Po lýpi ...
gerade ich-suche
Ich suche ...

vo / vezë	Eier
gjalpë	Butter
qúmësht	Milch *(standardspr.)*
támël	Milch *(kosovarisch)*
kaçkaváll	Käse (Fermentkäse)
djath	Käse (weiß)
jogúrt	Kefir, Trinkjoghurt
kos	Joghurt

vaj	Öl
míell	Mehl
sheqér	Zucker
oríz	Reis
makaróna	Nudeln
çaj	Tee
káfe për fíltër	Filterkaffee
letër toaléti	Toilettenpapier
sapún	Seife
pastë dhámbësh	Zahnpasta
detergjént	Waschmittel, Reinigungsmittel
qiríj	Kerzen
shkrepsë	Feuerzeug
qibríta	Streichhölzer
kimík	Kugelschreiber

Supermarkt in Prishtina

Einige schriftliche Hinweise (in Standard-Albanisch) an und in Geschäften sollte man sich merken:

Hinweisschilder / Aufschriften

orári i púnës	Öffnungszeiten
hýrja	Eingang
dálja	Ausgang
e hápur	geöffnet
e mbýllur	geschlossen
me shumícë dhe me pakícë	Groß- und Einzelhandel
vetëshërbím	Selbstbedienung

(wörtlich: Stundenplan der Arbeit)

Die Endung -tóre weist meistens auf den Verkäufer von etwas hin, z. B. ëmbëltóre *(Konditorei)*, vgl. ámbël, standardsprachl. ëmbël *(süß)*.

Häufig verkaufen die Handwerker ihre Produktion im eigenen Geschäft oder von der Werkstatt aus, wo auch Reparaturen oder Änderungen ausgeführt werden.

barnatóre	Apotheke
barnatóre bujqësóre	„landwirtschaftliche Apotheke" *(Dünger und Gartengeräte)*
bastóre (sportíve)	(Sport-)Wettbüro
ëmbëltóre	Konditorei
këpúcë	Schuhe
librarí	Schreibwarenladen, der auch Schulbücher führt
lulíshte	Blumengeschäft *(eher selten)*
berbér, frizér	Barbier, Friseur
rrojtóre	(Herren-)Friseur
sallón ondulími	(Damen-)Friseur
sallón bukuríe	Schönheitssalon
hekrarí	Eisenwaren
pérde	Gardinen
tepíha, tepisóna	Teppiche, Teppichboden
artár	Goldschmied
argjendár	Silberschmied
bukëpjékës	Bäcker
këpuctár	Schuster
ortár	Uhrmacher
rrobaqépës	Schneider
zdrukthtár	Tischler

Als beste Bäcker gelten die Vertreter des Stammes der Has *im Süden des Kosovo. Es ist also ein Qualitätsmerkmal, wenn der Bäcker (in der bestimmten Form)* Hási *heißt.*

Beim Friseur, Schuster, Schneider ...

Die kosovarischen frizérë për máshkuj *(Herrenfriseure)* schneiden schnell, preisgünstig, sauber und ganz schön kurz! Am besten, man zeigt die gewünschte Länge mit der Hand an. Frauen gehen zum sallón ondullími *(Damenfriseur)*.

A bon m'i qethë flókët?
ob es-macht zu'sie schneiden Haare-die
Ich möchte mir die Haare schneiden lassen.

Qysh po i don flókët?
wie gerade sie du-willst Haare-die
Wie möchten Sie die Haare?

Veç me i rregullú pak.
nur zu sie in-Ordung-bringen ein-bisschen
Nur ein bisschen auffrischen (beischneiden).

Veç májat.
nur Spitzen-die
Nur die Spitzen.

Ktu ma pak, ktu ma shum.
hier mehr wenig hier mehr viel
Hier etwas weniger, und hier etwas mehr.

Po du me i lanë m'u rritë.
gerade ich-will zu'sie lassen zu sich wachsen
Ich will sie wachsen lassen.

Beim Friseur „Chic“

A bon m’e rru mjékrën?
ob es-macht zu’ihn rasieren Bart-den
Können Sie mich rasieren?

me ngjyrósë	färben
víja	Scheitel
zylýf	Koteletten
kaçurréla	Locken
flókët e dréjta	glattes Haar
bishtalécat	Pony
llak / sprej	Lack / Spray

Handwerkern wie Schustern oder Schneidern braucht man meist nicht viel mit Worten zu erklären, wenn das schadhafte oder zu ändernde Stück vor ihnen auf dem Tisch liegt.

M'u ka prishë këpúca.
mir'sich es-hat kaputtgegangen Schuh-der
Der Schuh ist kaputt.

E kom hupë nji takë.
ihn ich-habe verloren einen Absatz
Ich habe einen Absatz verloren.

Dúhet m'e shkurtú qekáq.
es-ist-nötig zu'ihn kürzen so-viel
Bitte kürzen Sie es um so viel.

M'u ka prishë paténti.
mir'sich es-hat kaputtgegangen Reißverschluss-der
Der Reißverschluss ist kaputt.

E kom hupë nji pullë.
ihn ich-habe verloren einen Knopf
Ich habe einen Knopf verloren.

Po më dúhet nji baterí e re.
gerade mir es-ist-nötig eine Batterie die neue
Ich brauche eine neue Batterie.

A múnesh m'e ndreqë déri nésër?
ob du-kannst zu'es richten bis morgen
Können Sie das bis morgen reparieren?

Sa ka me kushtú?
wie-viel es-hat zu kosten
Wie viel wird es kosten?

Unterwegs

In den Städten bewegt man sich am besten zu Fuß oder per Taxi, ein öffentlicher Personennahverkehr existiert nur ansatzweise. Fahrräder werden als Spielzeug für Kinder angesehen.

zu Fuß & mit dem Auto

Ohne eigenes Auto ist die Bewegungsfreiheit im Kosovo abseits der großen Städte ziemlich eingeschränkt. Trampen ist im Kosovo eher unüblich. In Notlagen wird man aber immer jemanden finden, der einen ein Stück mitnimmt.

Më fal, të lútem, ...
mich entschuldigst dich bitte
Entschuldige bitte, ...

Më fálni, ju lútem, ...
mich entschuldigt euch bitte
Entschuldigen Sie, ...

A múnesh me më tregú ku asht ... ?
ob du-kannst zu mir zeigen wo ist
Können Sie mir zeigen, wo ... ist?

A asht kjo rrúga për Prishtínë?
ob sie-ist diese Straße-die für Prishtina
Ist dies die Straße nach Prishtina?

A asht Grýka e Rugóvës qendéj?
ob sie-ist Schlucht-die die Rugova-von dorthin
Geht es hier entlang zur Rugova-Schlucht?

Kah shkóhet për Gjakóvë?
wo-entlang es-sich-geht für Gjakova
Wo geht es nach Gjakova?

Ku çon kjo rrugë?
wo sie-führt-hin diese Straße
Wohin führt dieser Weg?

Shko djáthas te semafóri, asht rrúga e parë májtas.
geh rechts bei Ampel-der es-ist Straße-die die erste links
Geh / Fahre an der Ampel rechts, es ist die erste Straße links.

Vazhdó drejt, mas dy kilométrash e merr rrugën májtas.
fahre-weiter geradeaus nach zwei Kilometern sie nimm Straße-die links
Fahren Sie weiter geradeaus, nach zwei Kilometern links abbiegen.

Dúhesh me u kthy, déri në katúnd, atý dúhesh me vet apét.
du-musst zu sich umkehren bis in Dorf dort du-musst zu fragen noch-mal
Sie müssen umkehren, bis zum Dorf fahren und dort noch mal fragen.

A asht larg déri në katúndin tjétër?
ob es-ist weit bis in Dorf-das nächste
Ist es noch weit bis zum nächsten Dorf?

A asht e múndshme me vazhdú me kerr?
ob es-ist das möglich zu weiterfahren mit Auto
Ist die Straße befahrbar?

A ka naj dyqán a káfe në katúnd?
ob es-hat irgendein Laden oder Kaffeehaus in Dorf
Gibt es in dem Dorf irgendeinen Laden oder ein Café?

A múnesh me na tregú rrúgën për Pejë?
ob du-kannst zu uns zeigen Weg-den für Peja
Können Sie uns den Weg nach Peja zeigen?

E kéna hupë rrúgën.
sie wir-haben verloren Straße-die
Wir haben uns verirrt.

A mújna me kalú nátën ktu?
ob wir-können zu verbringen Nacht-die hier
Können wir hier übernachten?

mit Bus & Bahn

Zwischen kleineren Orten verkehren oft Kleinbusse, genannt „Kombi", meistens ohne festen Fahrplan.

Das übliche Transportmittel im Kosovo ist der Bus. Überlandbusse zwischen den größeren Städte fahren tagsüber sehr häufig, ab dem späten Nachmittag geht aber oft gar nichts mehr.

Die Bushaltestellen sind oft nur Haltepunkte an Fernstraßen. Da in den allerseltensten Fällen irgendwo ein Fahrplan aushängt, heisst es: fragen! Entweder die udhëtárët *(Mitreisenden)* oder den shoféri *(Fahrer)*.

Ku asht stacióni i autobúsave?
wo sie-ist Station-die die Autobusse-der
Wo ist der Busbahnhof?

Ku ndálet autobúsi për Gjilán?
wo er-hält Autobus-der für Gjilan
Wo hält der Bus nach Gjilan?

Sa orë bon déri në Shkup?
wie-viel Stunden es-macht bis in Skopje
Wie lange dauert die Fahrt bis Skopje?

Të lútem, dy biléta déri në Ferizáj.
dich ich-bitte zwei Fahrkarten bis in Ferizaj
Bitte zwei Fahrkarten nach Ferizaj.

S'ka vend, autobúsi asht plot!
nicht es-hat Platz Bus-der er-ist voll
Es gibt keinen Platz mehr, der Bus ist voll!

A ndáleni në Dranóc?
ob ihr-haltet in Dranoc
Halten Sie in Dranoc?

Në cílën orë níset autobúsi i fúndit për Prizrén?
in welcher Stunde er-fährt-ab Bus-der der Endes-des für Prizren
Wann fährt der letzte Bus nach Prizren ab?

A asht i lirë ky vend?
ob er-ist der freie dieser Platz
Ist dieser Platz frei?

Kéna mrri!
wir-haben angekommen
Wir sind angekommen!

Es gibt im Kosovo zwei Bahnlinien und sogar einen internationalen Zug nach Skopje in Mazedonien.

Ku asht stacióni hekurudhór?
wo sie-ist Station-die eisenbahnerische
Wo ist der Bahnhof?

Der Abenteuerfaktor bei den Hekurúdhat e Kosóvës *(Kosovarische Eisenbahnen) ist zwar wesentlich größer als beim Bus, allerdings sollte man auch etwas mehr Zeit mitbringen.*

Bahn fahren im Kosovo

mit dem Taxi

Taxifahren ist im Kosovo billig, daher kann man das Taxi auch mal für größere Strecken nehmen.

Man kann ein Taxi auch für einen ganzen Tag mieten und von der Landeskenntnis des Taxifahrers profitieren. In diesem Fall handelt man den Preis vorher pauschal aus.

Sa bon déri në Graçanícë?
wie-viel es-macht bis in Gračanica
Wie viel kostet es bis Gračanica?

Me shku, me pritë nji orë dhe me u kthy.
zu gehen zu warten eine Stunde und zu sich zurückkehren
Hinfahren, eine Stunde warten und dann zurück.

A s'ki taksimétër?
ob nicht'du-hast Taxameter
Haben Sie keinen Taxameter?

Tremdhetë éuro déri në aeropórt, a bon?
dreizehn Euro bis in Flughafen ob es-macht
13 Euro bis zum Flughafen, okay?

Die meisten Taxifahrer führen nur wenig Wechselgeld mit sich. Daher empfiehlt es sich, bei Fahrtantritt zu klären, ob man mit einem größeren Schein bezahlen kann.

U bo, hájde!
sich es-wurde-gemacht los
Okay, geht in Ordnung!

A ki me m'i thy njizét éuro?
ob du-hast zu mir'sie zerbrechen zwanzig Euro
Können Sie einen Zwanziger wechseln?

A múnesh me ma thirr nji táksi?
ob du-kannst zu mir-es rufen ein Taxi
Können Sie mir ein Taxi rufen?

Wenn man telefonisch ein Taxi ruft, sollte man nicht vergessen, dass sich Taxifahrer in der Regel nicht an Straßennamen orientieren (sofern es diese überhaupt gibt) und dass Hausnummern gänzlich unbekannt sind. Man sollte deshalb immer eine „Landmarke" nennen können!

Landmarken & Orientierungspunkte

urë	Brücke
semafór	Ampel
shéjë	(Verkehrs-)Zeichen
kryqëzím	Kreuzung
pompë	Tankstelle

Jom ktu përbállë ndërtésës së PTK-së.
ich-bin hier gegenüber Gebäude-dem dem PTK-der
Ich stehe hier gegenüber der Hauptpost.

A e din ku asht ambasáda gjermáne?
ob es du-weißt wo sie-ist Botschaft-die deutsche
Wissen Sie, wo die deutsche Botschaft ist?

Muj me të tregú ku asht.
ich-kann zu dir zeigen wo sie-ist
Ich kann Ihnen zeigen, wo sie ist.

Të lútem, a bon nji táksi në Dragodán,
mrápa Ministrísë së Shëndetsísë, te Jóna Markéti?
dich ich-bitte ob es-macht ein Taxi in Dragodan
hinter Ministerium-dem dem Gesundheit-der bei Jona Market-dem
Bitte schicken Sie mir ein Taxi nach Dragodan,
hinter dem Gesundheitsministerium, beim „Jona Market"
(nach dem Besitzer benannter Tante-Emma-Laden).

Auto parken, Waschen, Reparieren

Wer im Kosovo mit dem Auto unterwegs ist, kommt an drei Institutionen nicht vorbei: dem parkíng me pagésë *(gebührenpflichtigen Parkplatz)*, der auto lárje *(Autowäsche)* und dem mekaník *(Automechaniker)*.

A muj me parkú ktu?
ob ich-kann zu parken hier
Kann ich hier parken?

Sa kushtón për nji orë?
wie-viel es-kostet für eine Stunde
Wie viel kostet eine Stunde?

Zapfsäule, Čaglavica

A múnesh me ma ndreqë gómën?
ob du-kannst zu mir-ihn richten Reifen-den
Können Sie mir den Reifen flicken?

Po níhet nji zhurmë në auspúh.
gerade es-sich-hört ein Lärm in Auspuff
Der Auspuff macht Geräusche.

Nuk po më dhez kérri.
nicht gerade mir es-anzündet Auto-das
Der Wagen springt nicht an.

Po kcen diçká kérri.
gerade es-springt etwas Auto-das
Der Motor stottert.

A bon ma pastrú për gjysë óre?
ob es-macht zu ihn reinigen für halbe Stunde
Können Sie ihn in einer halben Stunde saubermachen?

Komplét, jashtë e mréna.
Komplett, außen und innen.

Komplét asht tri éuro.
komplett es-ist drei Euro
Die Komplettreinigung kostet drei Euro.

Léma çélësin!
lass-mir-ihn Schlüssel-den
Lassen Sie mir den Schlüssel da!

nützliche Auto-Vokabeln

patént shoféri	Führerschein
pómpa	Tankstelle
m(b)úshe krejt	Volltanken, bitte
benzín pa plumb, benzín blájfraj	bleifreies Benzin
dizél	Diesel
95 (nantëdhétë e pésëshe)	Normalbenzin
98 (nantëdhétë e tétëshe)	Super
voj (motorík)	Motoröl
ujë	Wasser
ájër	Luft
pjesë	Ersatzteil

Selbstbedienung ist an Tankstellen nicht üblich. Die Konkurrenz belebt den Service!

deutsche Lehnwörter

Die Verständigung mit Handwerkern, besonders mit Automechanikern, wird enorm erleichtert durch eine Vielzahl deutscher Lehnwörter – man muss sie nur erst einmal als solche erkennen. Die meisten Albanisch-Wörterbücher verschweigen übrigens diese Wörter!

anlasér	Anlasser
háuba	(Motor-)Haube
auspúh	Auspuff
blájfraj	bleifrei
gepék	Kofferraum
rikvérc	Rückwärtsgang
cyrík	rückwärts, zurück
shíber	Dachfenster
shllaf	Schlauch
shofershájbe	Windschutzscheibe *(„Chauffeur-Scheibe“)*
ýbercug	Schonbezug
shraf	Schraube
shrafcigér	Schraubenzieher
burmashínë	Bohrmaschine
vaservágë	Wasserwaage
shtekér	Stecker
gilindér	Geländer
me shvajcítë	schweißen

Kosovarische Automechaniker kennen viele deutsche Wörter

Übernachten

Hotels in Prishtina sind teurer als in anderen Städten, bieten aber nicht unbedingt mehr Luxus. Online-Plattformen zur Zimmervermittlung setzen sich immer mehr durch.

Mit einem Smartphone können Sie sich die mit einem gekennzeichneten Sätze dieses Kapitels anhören.

A ki nji dhomë të lirë për mu / për ne?
ob du-hast ein Zimmer das freie für mich / für uns
Haben Sie ein Zimmer für mich / für uns frei?

me dy shtrétën mit zwei Betten

Sa ditë don (dónl) me nejtë?
wie-viel Tage du-willst (ihr-wollt) zu bleiben
Für wie lange?

Për sa persóna?
Für wie viele Personen?

Sa kushtón për nji ditë?
wie-viel es-kostet für einen Tag
Wie viel kostet es für eine Nacht?

Asht pesëdhétë éuro në ditë.
es-ist fünfzig Euro in Tag
Es kostet fünfzig Euro pro Nacht.

A asht me mëngjés?
ob es-ist mit Frühstück
Ist das Frühstück inbegriffen?

Außerhalb der Städte findet man entlang der großen Straßen jede Menge Motels. Böse Zungen behaupten, diese dienen, genau wie die zahlreichen Tankstellen und privaten Freibäder (pishína), hauptsächlich der Geldwäsche. Andererseits sind diese Motels auch oft die einzige Möglichkeit für junge Leute, der sozialen Kontrolle der Großfamilie zu entkommen und mal mit dem Freund bzw. der Freundin allein zu sein. Viele Motels vermieten daher ihre Zimmer stundenweise, zu erkennen an der Aufschrift pushím *(Ausruhen)*, im Gegensatz zu fjétje *(Schlafen)*.

Größere Motels sind manchmal auf dársma *(Hochzeitsfeiern)* spezialisiert, die im Kosovo stets Massenveranstaltungen sind. Wem es auf die Nachtruhe ankommt, sollte sich daher lieber vorher erkundigen:

A ka dársëm sónte?
ob es-hat Hochzeitsfeier heute-abend
Gibt es heute abend bei Ihnen eine Hochzeitsfeier?

A ka dhomë me klimë?
ob es-hat Zimmer mit Klimaanlage
Gibt es klimatisierte Zimmer?

A ka dhomë përmrápa? Jo kah rrúga!
ob es-hat Zimmer nach-hinten nicht hin-zu Straße-die
Gibt es ein Zimmer nach hinten hinaus? Nicht zur Straße!

Religion

Die meisten Albaner sind myslimánë *(Muslime)*. Obwohl Zot *(Gott)* oder Alláh in vielen Redewendungen allgegenwärtig ist, nehmen es viele Kosovaren mit dem Islam gar nicht so genau. Der albanische çádër ist nicht etwa eine islamische Ganzkörperverschleierung (Tschador), sondern ein ganz gewöhnlicher Regenschirm.

Viele Kosovo-Albaner halten den beweglichen Fastenmonat Ramazán *(Ramadan)* ein. Me ngjinú bedeutet mehr als fasten: Von Sonnenaufgang bis zum iftár *(Fastenbrechen bei Sonnenuntergang)* darf man nicht einmal einen Schluck Wasser oder eine Zigarette in den Mund nehmen. Es versteht sich von selbst, dass man als Nicht-Muslim Rücksicht auf das Fasten der anderen nimmt. Eine Einladung zum Kaffee wird gegebenenfalls höflich abgelehnt:

Falemindérit, por jom ngjinúshëm, asht Ramazán.
danke aber ich-bin fastend es-ist Ramadan
Danke, aber ich faste, es ist Ramadan.

Selbstverständlich sollte man kurz vor dem iftár niemanden mit Beschlag belegen, der hungrig ist und es eilig hat, zur ersten Mahlzeit des Tages nach Hause zu kommen. Abendli-

Frauen, die das shamí *(Kopftuch) tragen, und Männer mit ungestutztem* mjékër *(Bart) sieht man eher in den albanischen Teilen Mazedoniens. Dennoch: Auch im Kosovo ruft fünfmal am Tag der* muezín *(Muezzin) die Gläubigen zum Gebet in die* xhamí *(Moschee). Ausländerinnen und Ausländer sollten zur Besichtigung am besten eine Zeit kurz nach dem Gebet abpassen.*

Moschee, Kaçanik

che Verabredungen haben sich nach dem iftár zu richten, kleinere Geschäfte werden oft entsprechend früher schließen, und auch Taxifahrer machen sich rar.

Nicht zu vergessen ist die christliche Minderheit, die statt Bajram Krishtlíndje *(Weihnachten) feiert und in die* kísha katolíke *(katholische Kirche) geht.*

Um so üppiger wird das Ende des Fastens am „Zuckerfest“ Bajrám gefeiert: mit einem Festmahl natürlich und mit Geschenken für die Kinder.

Me fat Bajrámin!	Frohen Bajram!
mit Glück Bajram-den	
Gëzúar Krishtlíndjet!	Fröhliche Weihnachten!
Gëzúar Páshkët!	Frohe Ostern!

Länger bleiben

Einige Leser dieses Sprachführers führt nicht allein die Neugier auf den letzten weißen Flekken der touristischen Europakarte ins Kosovo, sondern auch ein Arbeitsvertrag bei einer der vielen internationalen Organisationen oder Verbände, die noch auf Jahre hinaus im Kosovo tätig sein werden. In den meisten Fällen heißt das: Wohnungssuche und Bekanntschaft mit dem kosovarischen Alltag. Auch wenn der Arbeitgeber oft Hilfestellung leistet, steht man am Ende doch dem pronári *(Vermieter)*, der pastrúsja *(Putzfrau)* oder dem mjéshtri *(Handwerker)* Auge in Auge gegenüber.

A din nësé dikúsh jep banésë me qirá ktu?
ob du-weißt ob irgendjemand er-gibt Wohnung mit Miete hier
Wissen Sie, ob jemand hier eine Wohnung vermietet?

Po kërkoj banésë me dy dhóma në kët lágje.
gerade ich-suche Wohnung mit zwei Zimmer in diesem Viertel
Ich suche eine Zwei-Zimmer-Wohnung in diesem Viertel.

Muj me pagú déri në pesëqínd éuro në muj.
ich-kann zu zahlen bis in 500 Euro in Monat
Ich kann bis 500 Euro pro Monat zahlen.

A asht me rrymë?
ob es-ist mit Strom
Ist Strom inbegriffen?

A asht me ngróhje?
ob es-ist mit Heizung
Ist Heizung inbegriffen?

A asht ngróhja me rrymë a me dru?
ob sie-ist Heizung-die mit Strom oder mit Holz
Ist die Heizung mit Strom oder mit Holz?

Ngróhja asht e qytétit.
Heizung-die sie-ist die Stadt-der
Die Heizung ist mit Fernwärme.

Die öffentliche Stromversorgung ist im Kosovo in der jüngeren Vergangenheit äußerst prekär gewesen; großflächige Stromabschaltungen waren an der Tagesordnung. Allerdings hat sich die Lage zumindest in Prishtina in den letzten Jahren erheblich gebessert; der einst allgegenwärtige Lärm und Gestank der privaten Dieselgeneratoren ist selten geworden. Abseits der Hauptstadt sind Stromausfälle jedoch immer noch recht häufig.

Stromleitungen und Satellitenschüsseln

Transférin e qirásë e boj me internét.
Überweisung-die von Miete-die sie ich-mache mit Internet
Ich überweise die Miete per Internet.

Rrýma u ndal!
Strom-der sich fiel-aus
Der Strom ist ausgefallen!

S'ka rrymë.
nicht'es-hat Strom
Es ist Stromausfall.

A ka gjeneratór / invertór?
ob es-hat Generator / Inverter
Gibt es einen Generator / Inverter?

In Gegenden, in denen die Stromversorgung noch nicht zuverlässig ist, gehört ein privater Dieselgenerator oft zur Grundausstattung einer besseren Wohnung. Manche verfügen auch über einen Inverter, ein an eine Autobatterie angeschlossenes Ladegerät, das zumindest Fernseher, Computer und Licht bei Stromausfall für einige Stunden am Laufen hält. Trotz sinkender Preise setzt sich Photovoltaik im Land erst langsam durch.

Da das Kosovo chronisch an Trinkwassermangel leidet und ein Großteil bereits auf dem Weg zum Verbraucher im maroden Leitungssystem versickert, wird nachts und teilweise auch tagsüber das Wasser ganz abgestellt. Ein hauseigener Wassertank ist daher kein Luxus.

A ka ujë tanë dítën?
ob es-hat Wasser ganzen Tag-den
Gibt es den ganzen Tag Wasser?

A ka shpía rezervoár për ujë?
ob hat Haus-das Tank für Wasser
Hat das Haus einen Wassertank?

Hat man die neue Wohnung erst einmal bezogen, wird der Vermieter zur ersten Anlaufstelle für die kleinen Sorgen und Nöte des Alltags:

Po narth, a múnesh me lëshú ngróhjen?
gerade es-friert ob du-kannst zu loslassen Heizung-die
Es ist kalt, können Sie die Heizung anstellen?

A múnesh me shtu ngróhjen?
ob du-kannst zu hinzugeben Heizung-die
Können Sie die Heizung stärker aufdrehen?

Frigoriféri nuk po punón.
Kühlschrank-der nicht gerade er-arbeitet
Der Kühlschrank ist kaputt.

Robinéta asht prish.
Wasserhahn-der er-ist kaputt
Der Wasserhahn ist kaputt.

Dúhet m'e ndërrú xhámin.
es-ist-nötig zu'sie wechseln Fensterscheibe-die
Die Fensterscheibe muss ausgetauscht werden.

Putzfrau

Nur wenige „Internationals" verzichten im Kosovo auf die Dienste einer einheimischen Putzfrau.

A múnesh me ardhë dy herë në javë, të mártën edhe të prémten?
ob du-kannst zu kommen zwei Mal in Woche den Dienstag und den Freitag
Können Sie zweimal die Woche kommen, dienstags und freitags?

Veç m'e pastrú dyshemén / dritáret, m'i hekurósë këmíshat.
nur zu'ihn reinigen Boden-den / Fenster-die zu'sie bügeln Hemden-die
Nur den Boden / die Fenster putzen und die Hemden bügeln.

Detergjénti (për téshat / për enë) asht harxhú.
Reinigungsmittel-das (für Kleider-die / für Geschirr) es-ist aufgebraucht
Das Waschpulver / Spülmittel ist alle.

Çélësin po e lo te kojshíja.
Schlüssel-den gerade ihn ich-lasse bei Nachbarn-dem
Den Schlüssel lasse ich beim Nachbarn.

Cílën ditë e mblédhin bërllógun?
welchen Tag ihn sie-sammeln Abfall-den
An welchem Tag kommt die Müllabfuhr?

Post, Telefon & Internet

Auch wenn es manche nicht glauben: Die kosovarische Post befördert Briefe! Vor allem der Postverkehr aus dem Kosovo ins Ausland funktioniert recht gut.

pullë (postále)	Briefmarke
kutí postáre	Briefkasten
me peshú	wiegen
thjeshtë	einfach (Landweg)
me aeroplán	mit Luftpost
pakét	Päckchen
zarf	Briefumschlag

Bei pullë *genau auf die „harte" Aussprache des* ll *achten, denn* pulë *mit „weichem"* l *bedeutet „Huhn"!*

Sa peshón?
wie-viel es-wiegt
Wie viel wiegt es?

A ki pullë të veçántë?
ob du-hast Briefmarken die besonderen
Haben Sie Sondermarken?

Telefonieren

Mittlerweile hat so ziemlich jeder Kosovare ein Smartphone oder doch wenigstens ein herkömmliches Handy (telefón mobíl). *Das marode Festnetz* (rréthi fiks) *wird vor allem von Unternehmen und Institutionen genutzt.*

Telefonieren in der Fremdsprache ist immer eine besondere Hürde. Gerät man nicht gleich an die gewünschte Person, sollte man Sätze parat haben wie

Jom Joakími në telefón.
ich-bin Joachim-der in Telefon
Hier ist Joachim.

A bon me fol me Ártën, të lútem?
ob es-macht zu sprechen mit Arta-der dich ich-bitte
Kann ich bitte mit Arta sprechen?

Qysh e ki númrin?
wie sie du-hast Nummer-die
Wie ist deine Nummer?

Prit pak, ta regjistrój númrin tand.
warte ein-bisschen dass-sie ich-speichere Nummer-die deine
Einen Moment, ich speichere deine Nummer.

Númri jem asht ...
Nummer-die meine sie-ist
Meine Nummer ist ...

Çóma nji mesázh.
schick-mir-sie eine Nachricht
Schick mir eine SMS.

Thírrmë. / Telefonómë.
ruf-an-mich
Ruf mich an.

Të telefonój.
dich ich-rufe-an
Ich rufe dich an.

mesázh	SMS
me telefonú	anrufen
me thirrë me telefón	anrufen
me u përgjégjë	sich melden, antworten
lídhje e dóbët	schlechte Verbindung

Internet

A kéni wifi?
ob ihr-habt Wifi
Gibt es hier WLAN?

Qysh asht passwordi?
wie es-ist Passwort-das
Wie lautet das Passwort?

Mobiles Internet ist wenig verbreitet, aber in jedem Café und Restaurant gibt es kostenloses WLAN.

Lídhja e internétit asht e shpejtë / kadálshme.
Verbindung-die von Internet-des sie ist die schnelle / langsame
Die Internetverbindung ist schnell / langsam.

A bon me m'i printú do fáqe?
ob es-macht zu mir'sie drucken einige Seiten
Können Sie mir ein paar Seiten ausdrucken?

prej qetíj flléshi	von diesem USB-Stick
prej qesáj CD-je	von dieser CD

Bank & Geld

Im Kosovo ist der Euro offizielles Zahlungsmittel (vor 2002 war es die D-Mark), und bankomáte *(Geldautomaten)* gibt es fast überall.

In den meisten Geschäften und Supermärkten kann man mit der Karte bezahlen. In Restaurants, Cafés und auf dem Markt wird nur Bargeld akzeptiert.

A muj me pagú me kartélë?
ob ich-kann zu zahlen mit Karte
Kann ich mit Karte zahlen?

Jo, vallá, aparáti asht prish.
nein bei-Gott Apparat-der er-ist kaputt
Leider nein, das Lesegerät ist kaputt.

Muj me pagú me kesh.
ich-kann zu zahlen mit Bargeld
Ich kann bar bezahlen.

Größere Scheine zu wechseln, ist oft ein Problem. In serbischen Siedlungsgebieten wird meist der serbische Dinar benutzt.

A kéni t'íma?
ob ihr-habt die'feinen
Haben Sie es vielleicht klein?

Jo, vallá!
nein bei-Gott
Leider nein.

Prit pak, t'shkoj m'i thy páret.
warte ein-wenig dass ich-gehe zu'sie zerbrechen Gelder-die
Einen Moment, ich gehe mal eben wechseln.

A ka nji bankomát dikú áfër?
ob es-hat einen Geldautomaten irgendwo nahe
Gibt es hier in der Nähe einen Geldautomaten?

Ku múnem me këmbý páre?
wo ich-kann zu wechseln Gelder
Wo kann ich hier Geld wechseln?

Në cílëndo arkë.
in welchem-du-willst Schalter
An jedem (beliebigen) Schalter.

Sehenswürdigkeiten & Fotografieren

Die touristische Infrastruktur ist im Kosovo, abgesehen von Hotels und Gaststätten, noch kaum entwickelt. Oft wird man nur durch Fragen weiterkommen.

Dojmë m'e pa Grýkën e Rugóvës.
wir-wollen zu'sie sehen Schlucht-die die Rugova-von
Wir wollen die Rugova-Schlucht sehen.

Mit einem Smartphone können Sie sich die mit einem gekennzeichneten Sätze dieses Kapitels anhören.

Interesóhem për kët ...
Ich interessiere mich für diese/n/s ...

kullë	Kulla *(Wohnturm)*
týrbe	Türbe *(Grabmal)*
téqe	Tekke *(Derwischkloster)*
xhamí	Moschee
manastír	Kloster
kishë	Kirche
muzé etnologjík	ethnologische Museum *(Heimatmuseum)*

Die manastíret *(serbische Klöster) und* kíshat sérbe *(serbisch-orthodoxen Kirchen) gehören zu den kulturellen Hauptattraktionen des Kosovo. Besucher müssen sich am Eingang ausweisen. Im Kloster selbst helfen kosovo-albanische Sprachkenntnisse natürlich nicht weiter; hier wird Serbisch, bestenfalls noch Englisch gesprochen.*

Kah shkóhet për manastír?
wo-lang es-sich-geht für Kloster
Wo geht es hier zum serbischen Kloster?

A bon m'e vizitú?
ob es-macht zu'es besichtigen
Ist es zu besichtigen?

Sa asht hýmja?
wie-viel er-ist Eintritt-der
Wie viel kostet der Eintritt?

Wasserfall am Weißen Drin bei Peja

A múnemi me hy mréna?
ob wir-können zu eintreten hinein
Können wir hinein?

A bon?
ob es-macht
Darf ich?

Veç pak, po e marr çélësin.
nur ein-bisschen gerade ihn ich-nehme Schlüssel-den
Moment, ich hole den Schlüssel.

Fotografieren

A muj me ju fotografú?
ob ich-kann zu euch fotografieren
Darf ich Sie fotografieren?

A dóni m'e pa fotografínë?
ob ihr-wollt zu'es sehen Foto-das
Wollen Sie das Bild sehen?

Shum búkur kéni dalë.
sehr schön ihr-habt ausgegangen
Sie sind / Ihr seid sehr schön herausgekommen.

A múnesh me m'i rujt fotografítë në CD?
ob du-kannst zu mir'sie speichern Fotos-die in CD
Können Sie mir die Bilder auf CD überspielen?

Du m'i printú do fotografí, a bon menjihérë?
ich-möchte zu'sie drucken ein-paar Bilder ob es-macht sofort
Ich möchte ein paar Bilder ausdrucken, geht das jetzt gleich?

Po më dúhet mbushës për tablétë.
gerade mir es-ist-nötig Ladegerät für Tablet
Ich brauche ein Ladegerät für mein Tablet.

me bo nji sélfi
zu machen ein Selfie
ein Selfie machen

shkop për sélfi
Stock für Selfie
Selfie-Stick

me shkarkú nji app
zu abladen eine App
eine App downloaden

Vizitóni fáqen tonë të internétit.
besucht Seite-die unsere von Internet-des
Besuchen Sie unsere Internet-Seite!

Të shkruj mesázh në WhatsApp.
dir ich-schreibe Botschaft in WhatsApp
Ich schicke dir eine WhatsApp-Nachricht.

Të boj kërkesë për shoqni në Facebook.
dir ich-mache Ersuchen für Freundschaft in Facebook
Ich schicke dir eine Freundschaftsanfrage auf Facebook.

Múnesh me më ndjekë në Twitter.
du-kannst zu mir folgen in Twitter
Du kannst mir auf Twitter folgen.

Múnesh me e lypë në Google.
du-kannst zu es suchen in Google
Du kannst es googeln.

Behörden

Auch auf anderen Behörden wird man in der Regel schnell an einen deutsch- oder englischsprachigen Kosovaren geraten, der einem weiterhilft. Deshalb ist dieses Kapitel sehr kurz.

Kosovo ist ein Staat mit noch eingeschränkter Souveränität. Das EU-Polizeikontingent (EULEX) ist in allen Regionen und Gemeinden präsent. Wer deshalb mit der Polizei zu tun hat, wird in der Regel schnell einem Polizisten gegenüberstehen, der deutsch oder zumindest englisch spricht.

E kom hupë pasapórtën.
ihn ich-habe verloren Reisepass-den
Ich habe meinen Pass verloren.

Ma kanë vjedhë kérrin / çántën / kulétën.
mir-es/sie sie-haben gestohlen
Auto-das / Tasche-die / Brieftasche-die
Man hat mir das Auto / die Tasche / das Portemonnaie gestohlen.

Krank sein

Die meisten Ärzte sprechen etwas deutsch oder englisch. Auch hier also nur das Allernotwendigste:

Jom pa qef.
ich-bin ohne Lust
Ich fühle mich nicht gut.

Jom i smut.
Ich bin krank.

Kom nevójë për nji leukoplást.
ich-habe Notwendigkeit für ein Pflaster
Ich brauche ein Pflaster.

Kom alergjí prej ...
ich-habe Allergie von
Ich bin allergisch gegen ...

Po më vjen me vjellë.
gerade mir es-kommt zu erbrechen
Ich muss mich übergeben.

A mos ki naj aspirín?
ob nicht du-hast irgendein Aspirin
Haben Sie vielleicht ein Aspirin?

Më dhemb kryt / dhámbët / qáfa.
mir es-schmerzt Kopf-der / Zähne-die / Hals-der
Ich habe Kopf- / Zahn- / Halsschmerzen.

Rotes Kreuz, Prizren

Dúhesh me shku te mjéku / dentísti.
du-musst zu gehen bei Arzt-dem / Zahnarzt-dem
Du musst zum Arzt / Zahnarzt.

mjek	Arzt
dentíst	Zahnarzt
stomatológ	Zahnarzt
gjinekológ	Frauenarzt
ordináncë	Praxis
spitál	Krankenhaus, Spital
barnatóre	Apotheke
ambuláncë	Krankenwagen
recétë	Rezept
bárna	Medizin
tablétë	Tablette
shurúp	Hustensaft

Toilette & Co.

Öffentliche Toiletten gibt es im Kosovo kaum, aber aufgrund der hohen Dichte an Cafés und Restaurants wird man kaum in Verlegenheit kommen.

Ku e kéni toalétin?
wo sie ihr-habt Toilette-die
Wo ist hier die Toilette?

A muj m'e shfrytëzú toalétin?
ob ich-kann zu'sie benutzen Toilette-die
Kann ich bei Ihnen mal auf die Toilette?

S'ka létër / sapún.
nicht'es-hat Papier / Seife
Es ist kein Toilettenpapier / keine Seife da.

Auf dem Lande ist Toilettenpapier nicht üblich, und wenn doch, steht manchmal neben der Toilette ein Eimer dafür bereit. In diesem Fall das Papier nicht ins Klo werfen, sonst droht Verstopfung!

Flirt & Liebe

Obwohl Prishtina allmählich den Ruf einer Partystadt erlangt, ist das Kosovo aufgrund der immer noch recht starren gesellschaftlichen Strukturen nicht der beste Ort für Flirt und Liebe. Trotz der hohen Präsenz von „Internationals" im Kosovo sind gemischte Paare immer noch eine Ausnahme.

Ti më pëlqén shum!
du mir du-gefällst sehr
Du gefällst mir sehr!

Ta ha zémrën!
dir-es ich-esse Herz-das
Du bist so süß!

Të du!
dich ich-liebe
Ich liebe dich!

A múnemi me u takú prapë nésër?
ob wir-können zu sich treffen wieder morgen
Können wir uns morgen wieder treffen?

Jo, vallá, jom e martúme / e fejúme.
nein bei-Gott ich-bin die verheiratete / die verlobte
Nein, ich bin verheiratet / verlobt.

Kom nji djalë / nji frájer.
ich-habe einen Jungen / einen Typen
Ich habe schon einen Freund.

Jo ktu, vllau jem múnet me na pa.
nicht hier Bruder-der mein er-kann zu uns sehen
Nicht hier, mein Bruder kann uns sehen.

Híqe dórën!
nimm-sie-weg Hand-die
Finger weg!

Mos!
nicht
Lass das!

A martóhesh me mu?
ob du-dich-verheiratest mit mir
Willst du mich heiraten?

Karussell in Mitrovica

Schimpfen & Fluchen

Die folgenden Ausdrücke sind bitte nicht zum Selber-Benutzen, sondern nur zum Verstehen!

Dreq!	*Teufel*	Scheiße!
Pis!	*schmutzig*	Scheiße! Scheißkerl!
I póshtër!	*der niedrige*	Mistkerl!
E póshtër!	*die niedrige*	Luder!
Katunár! Bal!	*Dörfler*	Bauerntölpel!

Die ältere Generation greift für saftigere Ausdrücke auch gern auf das Serbische zurück.

Krejt budáll je!
total dumm du-bist
Du bist total bekloppt!

Dringende Hilferufe

Ndihmó!
hilf
Hilfe!

O ndihmóni bre!
o helft (Verstärker)
Helfen Sie doch!

Zjarr!
Feuer!

Thírre ambuláncën!
ruf-ihn Krankenwagen-den
Rufen Sie einen Krankenwagen!

Wörterlisten

Hier noch ein paar allgemeine Hinweise zur Wörterliste:

Hauptwörter

Hauptwörter sind im ersten Teil jeweils in der unbestimmten und bestimmten Form Einzahl angegeben sowie in der Mehrzahl. Im zweiten Teil steht der Übersicht halber nur die Einzahl in der unbestimmten Form.

Verben

Obwohl jedes Verb in der Grundform mit me *(„zu") beginnt, sind sie natürlich alphabetisch einsortiert, und nicht unter* me. *Verben sind jeweils in der Grundform und der „ich"-Form der Gegenwart angegeben.*

Eigenschaftswörter

Eigenschaftswörter sind in ihrer männlichen und weiblichen Form angegeben. Natürlich sind auch die Eigenschaftswörter selbst alphabetisch eingeordnet und nicht nach ihrem vorangestellten Artikel.

Umstandswörter

Umstandswörter sind mit (Umst.) kenntlich gemacht, Eigenschaftswörter hingegen nur dann mit (Eig.) gekennzeichnet, wenn dieses Wort auch als Umstandswort vorhanden ist.

Standardalbanisch

Standardalbanische Wörter, die auch im Kosovo zum Sprachgebrauch gehören, sind im ersten Teil in eckigen Klammern angegeben, im zweiten Teil alphabetisch mit einsortiert und **blau** *gekennzeichnet.*

Abkürzungen

(m)	*männlich*
(w)	*weiblich*
Ez	*Einzahl*
Mz	*Mehrzahl*
Eig.	*Eigenschaftswort*
Umst.	*Umstandswort*

Wörterliste Deutsch – Kosovo-Albanisch

A

Abend mrámje, -a, Mz. -e
Abendessen darkë, -a, Mz. -a
aber po, mirëpó
abfahren, -fliegen, -reisen me u nisë, unë nísem
abschleppen me tërhékë, unë tërhéki
Adler shqipónjë, -a, Mz. -a
Adresse adrésë, -a, Mz. -a
ähnlich i ngjáshëm, e ngjáshme
Albaner shqiptár, -i, Mz. -ë
Albanerin shqiptáre, -ja, Mz. -e
Albanien Shqipní, -a
Alkohol alkoól, -i
alle krejt; të tanë, të tána
allein i vétëm, e vétme
alles krejt, gjithçká
als (Vergleich) se, sesá; **(zeitl.)** kur
also pra, prandáj
alt (nicht jung) i móçëm, e móçme; **(nicht neu)** i/e vjétër
Alte (Greisin) plakë, -a, Mz. pláka
Alter (Greis) plak, -u, Mz. pleq; **(Lebens-)** moshë, -a, Mz. -a
Andenken kujtím, -i, Mz. -e
anerkennen (Staat) me pranú, unë pranój
anfangen me fillú, unë fillój
angenehm i kándshëm, e kándshme
Angestellte nëpúnëse, -ja, Mz. -e
Angestellter nëpúnës, -i, Mz. -a
Angst frikë, -a, Mz. -a
anhalten me u ndalë, unë ndálem
ankommen me arrítë, unë arríj
Ankunft arrítje, -a, Mz. -e
Antwort përgjígje, -ja, Mz. -e
antworten me u përgjígjë, unë përgjígjem
anzünden me dhezë, unë dhézi
Apotheke barnatóre, ja, Mz. -e
arbeiten me punú, unë punój
Arbeiter punëtór, -i, Mz. -ë
Arbeiterin punëtóre, -ja, Mz. -e
arm i/e várfër
Arm krah, -u, Mz. -ë
Arzt mjek, -u, Mz. -ë
Ärztin mjéke, -ja, Mz. -e
atmen me marrë frymë, unë marr frymë
auch e, édhe
auf mi; [mbi]
Aufenthalt qëndrím, -i
aufhören me u ndalë, unë ndálem
aufstehen me u çu, unë çóhem
aufwachen me u zgju, unë zgjóhem
Auge sy, sýni, Mz. sytë
aus (örtlich) prej
Ausgang dálje, -a, Mz. -e
ausgezeichnet i shkëlqýshëm, e shkëlqýshme
Auskunft información, -i, Mz. -e
Ausland: im A. jashtë véndit
Ausländer, ausländisch i/e huj
ausschalten me fikë, unë fíki; me shkymë, unë shkými

Aussprache shqiptím, -i, Mz. -e
aussteigen me zhdrypë, unë zhdrýpi; me zbritë, unë zbres
Ausstellung ekspozítë, -a, Mz. -a
Ausweis letërnjoftím, -i, Mz. -e
ausziehen me deshë, unë déshi;
sich a. me u deshë, unë déshem
Auto kerr, -i, Mz. -e; [vetúrë, -a, Mz. -a]
Autowäsche autolárje, -ja, Mz. -e
Autowerkstatt autoservís, -i, Mz. -e

B

Badehose brékët e lámjes
baden me u la, unë láhem
Badezimmer bánjo, -ja, Mz. -o
Bahnhof stación hekurudhór, -i, Mz. -e
bald së shpéjti
Bank (Geld) bankë, -a, Mz. -a
Bargeld kesh, -i; [(páre) të gátshme]
Batterie baterí, -a, Mz. -í
Bauch bark, -u, Mz. bárqe
bauen me ndërtú, unë ndërtój
Bauer bujk, -u, Mz. bujq
Baum dru, -ni, Mz. druj
Baumwolle pamúk, -u
beeilen, sich me u ngutë, unë ngútem
beenden me përfundú, unë përfundój; me kry, unë kryj
befinden, sich me u ndodhë, ndódhem
begleiten me shoqnú, unë shoqnój
begrüßen me përshnét, unë përshnés
behandeln (Krankheit) me shërú, unë shërój
Behörde administrátë, -a
bei te
beide të dy, të dýja
Bein kam(b)ë, -a, Mz. -ë
Beispiel shémbull, -i, Mz. shémbuj
bekanntmachen, sich me u njoftú, unë njoftóhem
beleidigen me fy, unë fyj
benachrichtigen me lajmrú, unë lajmrój
Benzin karburánt, -i, Mz. -e
Berg mal, -i, Mz. mále
Beruf profesión, -i, Mz. -e
berühmt i fámshëm, e fámshme
beschweren, sich me u ankú, unë ankóhem
besichtigen me vizitú, unë vizitój
Besitzer pronár, -i, Mz. -ë
besser ma i/e mirë
bestellen me porosítë, unë porosís
Bestellung porosí, -a, Mz. -í
bestrafen me dënú, unë dënój
Besuch (Gäste) mysafír, -i, Mz. -ë
besuchen me shku mysafír, unë shkoj m.
betrügen me mashtrú, unë mashtrój
betrunken i/e pitë, i/e déhun
Bett shtrat, -i, Mz. shtrétën
Bettzeug çarsháfa (Mz.), -t
bevor pára se
Beweis provë, -a, Mz. -a
bezahlen me pagú, unë pagúj
Bier birrë, -a, Mz. -a
Bikini bikíni
Bild pámje, -a, Mz. -e
billig i/e lirë

bis déri
bisschen pak
Bitte kërkésë, -a, Mz. -a
bitten me lutë, unë lus
Blatt fletë, -a, Mz. -a
blau i/e káltërt
bleiben me n(d)ejtë, unë rri
Bleistift laps, -i, Mz. -a
Blume lúle, -ja, Mz. -e
Blut gjak, -u
Boot barkë, -a, Mz. -a
Botschaft (dipl.) ambasádë, -a, Mz. -a
Brand zjerm, -i, Mz. -a; [zjarr]
Brauch zakón, -i, Mz. -e
brauchen, ich brauche me vyjtë, më vyn; me u dashtë, më dúhet; me u nevojítë, më nevojítet
braun i/e kaftë
breit i/e gjanë; [i/e gjerë]
brennen me djegë, unë djégi
Brief létër, -ra, Mz. -ra
Briefmarke pullë (postále), -a, Mz. -a
Briefumschlag zarf, i, Mz. -a
Brille sýza (Mz.), -t
bringen me pru, unë bi; me sjellë, unë sjell
Brot bukë, -a, Mz. -ë
Brücke urë, -a, Mz. -a
Bruder vlla, -u, Mz. vllázën; [vëllá, -i, Mz. vëllézër]
Brust (-korb) gjoks, -i; **(weibl.)** gji, gjíni, Mz. gjij
Buch líbër, líbri, Mz. -ra
buchen me rezervú, unë rezervój
Buchstabe germë,- a, Mz. -a; [shkronjë]
bunt i/e ngjyrósun; laramán, -e
Bürger (Staats-) qytetár, -i, Mz. -ë
Büro zyrë, -a, Mz. -a
Bus autobús, -i, Mz. -a
Busbahnhof stacion i autobúsave, -i, Mz. -e

C

Café káfe, -ja, Mz. -e; kafíq, -i, Mz. -a
Chef shef, -i, Mz. -a
Computer kompjutér, -i, Mz. -a

D

da (dort) atý, atjé
Dach kulm, -i, Mz. -e
damit ashtú që, për (me)
danach táni; mandéj, masandéj
danke falemnérës, falemnéris; [falemindérit, falemnérit]
danken me falënderú, unë falënderój
dann táni; [pastáj]; **(also)** pra
darum prandéj
dass se
Datum datë, -a, Mz. -a
dauern me zgjatë, zgjat
Decke (Bett-) plaf, -i, Mz. -a; mbulésë, -a, Mz. -a
dein/e jot, jóte; [yt, jóte]
denken me mendú, unë mendój
Denkmal monumént, -i, Mz. -e
deshalb pra, prandáj; për kët arsý
deutsch gjermán, -e
Deutsche gjermáne, -ja, Mz. -e
Deutscher gjermán, -i, Mz. -ë
Deutschland Gjermaní, -a
Dialekt dialékt, -i, Mz. -e
dick i/e trashë
Dieb hajn, -i, Mz -a
Diebstahl vjédhje, -a, Mz. -e

diese (-n, -s) (Wenf.) këtë
diese (-r, -s) ky (m), kjo (w)
Ding send, -i, Mz. - e; [gjë, -ja, Mz. -ra]
Diskothek diskotékë, -a, Mz. -a
Dokument dokumént, -i, Mz. -e
Dolmetscher përkthýs, -i, Mz. përkthýs
Dolmetscherin përkthýse, -ja, Mz. -e
Dorf katúnd, -i, Mz. -e; [fshat, -i, Mz. -ra]
Dörfler (Bauer) katunár, -i, Mz. -e; [fshatár]
Dörflerin (Bäuerin) katunáre, -ja, Mz. -e; [fshatáre]
dort atjé
dorthin anéj
draußen jashtë
Dreck flliqësí, -a, Mz. -í
dringend (Umst.) urgjént
drinnen mréna
du ti
dumm budállë; budallícë
dunkel i/e érrët
dünn i/e hollë
durch (hindurch) nëpër
Durchfall diaré, -ja;
D. haben me shku bárku
dürfen me mujtë, unë múnem
Durst étje, -ja
durstig i/e étun, i/e eçtë
Dusche dush, -i

E

echt i/e vërtétë
Ehefrau gru, grúja, Mz. gra
Ehemann burrë, -i, Mz. -a
Ehepaar çift, -i, Mz. -e
Ei vo, vója, Mz. vo; [vezë, -a, Mz. vezë]
Eigentum pronë, -a, Mz. -a
einander njáni-tjétrin; njáni-tjétrit
Einbruch grabítje, -ja, Mz. -e
einfach i/e thjeshtë
Eingang hýmje, -ja, Mz. -e; [hýrje]
einige do, disá
einladen me ftu, unë ftoj
Einladung ftesë, -a, Mz. -a
einmal nji herë
einschalten me lëshú, unë lëshój; me dhezë, unë dhézi
einsteigen me hypë, unë hýpi
eintreten me hi, unë hij
einverstanden në rrégull
Einwohner banór, -i, Mz. -ë
Eis (Speise-) akullóre, -ja, Mz. -e
Eisenbahn hekurúdhë, -a, Mz. -a
Elektriker elektricíst, -i, Mz. -ë
Eltern prind, -i. Mz. -ë
E-Mail emáil, -i, Mz. -a
empfangen me marrë, unë marr
empfehlen me rekomandú, unë rekomandój
Ende fund, -i
eng i/e ngushtë
englisch (Umst.) anglísht
Enkel nip, -i, Mz. -a
Enkelin mbesë, -a, Mz. -a
entscheiden me vendósë, unë vendósi
entschuldigen, sich me kërku fálje, unë kërkój f.
er ai
Erde (Boden) tokë, -a; **(Planet)** Tóka; **(Garten-)** dhe, -u
Ereignis ngjárje, -a, Mz. -e
Erfolg suksés, -i, Mz. -e
erhalten me marrë, unë marr
erholen, sich me pushú, unë pushój

erinnern, sich me u kujtú, më kujtóhet
erkältet sein me u ftofë, unë jam ftofë
erklären me spjegú, unë spjegój
erlauben me lejú, unë lejój
Erlaubnis léje, -a, Mz. -e
Ermäßigung zbrítje, -a, Mz. -e
Ersatzteil pjesë, -a, Mz. -ë
erzählen me kallxú, unë kallxój
essen me hángër, unë ha
Etage kat, -i, Mz. -e
etwa përafërsísht, rreth
etwas naj send, diçká
euer / eure i/e/të juj

F

Faden pe, peni, Mz. pej
Fahne flamúr, -i, Mz. -a
Fähre tragét, -i, Mz. -e
fahren me shku, unë shkoj
Fahrer shofér, -i, Mz. -a
Fahrkarte bilétë, -a, Mz. -e
Fahrplan orár, -i, Mz. -e
Fahrpreis çmim i bilétës, -i, Mz. -e
Fahrrad biciklétë, -a, Mz. -a
fallen me ra, unë bi
falsch (Eig.) i gabúm, e gabúme
Familie famílje, -a, Mz. -e
Familienname mbiémën, mbiémni, Mz. -na
Farbe ngjyrë, -a, Mz. -a
fast gáti
faul (Obst) i/e kálbun; **(träge)** dembél
Fehler gabím, -i, Mz. -e
Feier festë, -a, Mz. -e; gazménd, -i, Mz. -e
feiern me festú, unë festój
Feld fushë, -a, Mz. -a
Fenster dritáre, -ja, Mz. -e
Ferien pushím, -i, Mz. -e
fern (Umst.) larg
Fernsehgerät televizór, -i, Mz. -e
fertig (Umst.) gáti
fest i/e fortë
Fest festë, -a, Mz. -a
Festung kalá, -ája, Mz. -á
feucht i ritúm, e ritúme
Feuer zjarr, -i, Mz. -e
Feuerzeug shkrepsë, -a, Mz. -a
Fieber éthe (Mz.), -t
Film film, -i, Mz. -a
finden me gjetë, unë gjej
Finger gisht, -i, Mz. gíshta
Fisch peshk, -u, Mz. peshq
Flasche shíshe, -ja, Mz. -e
Fleisch mish, -i, Mz. míshna
fleißig i výshëm, e výshme
fliegen me fluturú, unë fluturój
flirten me flirtú, unë flirtój
Flughafen aeropórt, -i, Mz. -e
Flugticket bilétë për avión, -a, Mz. -a
Flugzeug avión, -i; Mz. -a; aeroplán -i, Mz. -a
Fluss lum, -i, Mz. luméj
Folklore folklór, -i
Formular formulár, -i, Mz. -ë
fortfahren me vazhdú, unë vazhdój
Fotoapparat kamérë, -a, Mz. -a
Fotografie fotografí, -a, Mz. -i
fotografieren me fotografú, unë fotografój
Frage pýtje, -ja, Mz. -e
fragen me vetë, unë ves; [me pytë, unë pys]

französisch (Umst.) frangjísht
Frau (Anrede) zojë, -a, Mz. -a;
(Ehefrau) gru, -ja, Mz. gra;
(erwachsene) fémën, -na, Mz. -na
Fräulein zonjúshë, -a, Mz. -a
frei i/e lirë
fremd i/e huj; i jáshtëm, e jáshtme
Freude gëzím, -i, Mz. -e
freuen, sich me u gëzú, unë gëzóhem
Freund shók, -u, Mz. -ë; dost, -i, Mz. -a; [mik, -u, Mz. miq]
Freundin shóqe, -a, Mz. shóqe; [mikéshë, -a]
freundlich i shoqnúshëm, e shoqnúshme;
Freundschaft miqësí, -a
freundschaftlich [miqësór, miqësóre]
Frieden páqe, -ja
Friedhof varréza (Mz.), -t
frieren me nírthë, unë narth
frisch (Obst) táze; i/e fréskët;
(Umst.) táze
fröhlich i gëzúm, e gëzúme

Frucht (Obst) pemë, -a, Mz. -ë
früh hérët
Frühling pranvérë, -a
Frühstück mëngjés, -i, Mz. -e
frühstücken me hángër mëngjés, unë ha m.
fühlen, sich me ni, unë nij
Führung ekskursión, -i, Mz. -e
für për
fürchten, sich (vor) me u tutë, unë tútem; [me u frikësú, unë frikësóhem]
Fuß kam(b)ë, -a, Mz. -ë;
zu F. në kam(b)ë

G

Gabel pirún, -i, Mz -a
ganz krejt
Garten kopsht, -i, Mz. -e; báhçe, -ja, Mz. -e
Gaskocher plin, -i, Mz. -a; furnélë, -a, Mz. -a
Gast mysafír, -i, Mz. -ë
Gastfreundschaft mikprítje, -ja
Gastgeber zot i shpisë, zóti i shpisë
Gastgeberin zojë e shpisë, zója e shpisë

Gebäck ambëlsínë, -a, Mz. -a
Gebäude ndërtésë, -a, Mz. -a
geben me dhanë, unë jap;
(es gibt) ka
Gebet (islam.) namáz, -i, Mz. -e; fálje, -ja, Mz. -e;
(christl.) lútje, -ja, Mz. -e
Gebirge mále (Mz.), -t
Gebühr taksë, -a, Mz. -a
Geburtstag ditëlíndje, -ja, Mz. -e
gefährlich i rrezíkshëm, e rrezíkshme
gefallen me pëlqý, unë pëlqéj;
(mir gefällt) më pëlqén
Gefängnis burg, -u, Mz. búrgje
Gefühl ndjenjë, -a, Mz. -a
gegen kúndër
Gegend krahínë, -a, Mz. -a; trevë, -a, Mz. -a
Gegenteil e kúndërta
gegenüber përbállë
gehen me shkú, unë shkój
gelb i/e verdhë, i/e sarít
Geld páre (Mz.), -t
Gemüse períme (Mz.), -t
gemütlich (Umst.) rahát

genau (Umst.) tamám, saktë, bash
genug boll; [mjaft]
Gepäck bagázh, -i, Mz. -e
geradeaus drejt
Gericht (jur.) gjykátë, -a, Mz. -a;
(kulinar.) gjellë, -a, Mz. gjéllna
gern me qef
Geruch erë, -a, Mz. érna
Geschäft (Laden) dyqán, -i, Mz. -e; shitóre, -ja, Mz. -e;
(Tätigkeit) punë, -a, Mz. -ë
Geschenk dhurátë, -a, Mz. -a
Geschichte (Erzählung) përrállë, -a, Mz. -a;
(Historie) historí, -a
Geschirr enë (Mz.), -t
Geschwister vllázën e mótra
Gesellschaft shoqní, -a, Mz. -i
Gesetz ligj, -i, Mz. -e
Gesicht ftyrë, -a, Mz. -a
Gespräch bisedím, -i, Mz. -e; muhabét, -i, Mz. -e
gestern dje
gesund i shnétshëm, e shnétshme
Gesundheit shnet, -a ; [shëndét, -i]
Getränk píje, -a, Mz. -e
Gewehr pushkë, -a, Mz. -ë
Gewicht peshë, -a, Mz. -a
gewinnen me fitú, unë fitój
Gewitter stuhí, -a, Mz. -í
gewöhnen, sich me u mësú, unë mësóhem
Gewürz mëlmésë, -a, Mz.- a; [érëz,-a, Mz.-a]
Gift helm, -i, Mz. -e
Glas (Material) xham, -i, Mz. -a;
(Trink-) gotë, -a, Mz. -a
glauben me besú, unë besój
gleich(mäßig) i/e barabártë
Glück lumtuní, -a
glücklich i/e lúmtun
Gold ár, -i
Gott Zót, -i
Grammatik gramatíkë, -a, Mz. -a
Gras bar, -i
gratulieren me falënderú, unë falënderój
grau i/e përhímtë
Grenze kufí, kufíni, Mz. kufíj
Grippe grip, -i
groß i madh, e mádhe
Größe (Kleidung u.ä.) madhësí, -a, Mz. -í
Großmutter gjýshe, -ja, Mz. -e
Großvater gjysh, -i, Mz. gjýshën
grün i/e gjélbërt
Gruppe grup, -i, Mz. -e
grüßen me përshnétë, unë përshnés
gültig i vléfshëm, e vléfshme
gut i/e mirë

H

haben me pasë, unë kam
Hälfte gjysë
hallo tung
Hals qafë, -a, Mz. -a
halten me mbajtë, unë mbaj
Haltestelle stación, -i, Mz. -e
Hammer çekíç, -i, Mz. -a
Hand dorë, -a, Mz. dur
Handarbeit punë dóre
Handel tregtí, -a
Handtuch peshkír, -i, Mz. -a
Handwerker mjéshtër, -ri, Mz. -ra; ustáh, -i, Mz. ustallár
hart i/e fortë
Haupt- kryesór, -e
Haus shpi, -a, Mz. -i

Hausfrau amvíse, -ja, Mz. -e
Haut lëkúrë, -a, Mz. -a
heben me çu, unë çoj
Heftpflaster leukoplást, -i, Mz, -e
heiraten me u martú, unë martóhem
heiß i/e nxetë
helfen me ndihmú, unë ndihmój
hell (Farbe) (me ngjyrë të) çeltë
Hemd kmishë, -a, Mz. -a
herausziehen me nxjerrë, unë nxjérri
Herbst vjeshtë, -a
Herr zot, -i; zotní, Mz. zotníj
herzlich (Umst.) përzemërsísht
heute sot
hier ktu
Hilfe ndihmë, -a
hineinstecken me shti, unë shtij; me futë, unë fus
hinten, hinter mrápa
Hitze zheg, -u
hoch (Eig.) i/e naltë; [i/e lartë]; **(Richtung)** nalt
Hochzeit dársëm, -ma, Mz. -ma
Hof obórr, -i, Mz. -e
hoffen me shpresú, unë shpresój
höflich i sjéllshëm, e sjéllshme
Holz dru, -ni, Mz. druj
hören me ni, unë nij
Hose pantólla (Mz.), -t
Hotel hotél, -i, Mz. -e
hübsch i/e búkur
Hund qen, -i, Mz. -ë
hungrig i/e untë
Hygiene higjiénë, -a

I

ich unë
ihr ju
ihr(e) (2. Pers.) i/e juj; **(3. Pers. w. Ez.)** i/e saj; **(3. Pers. Mz.)** i/e týne
immer gjithmónë; gjithë
impfen me vaksinú, unë vaksinój
in (zeitl. / örtl.) në
Industrie industrí, -a
Information información, -i
informieren, sich me u informú, unë informóhem
Insekt insékt, -i, Mz. -e
Insel íshull, -i, Mz. íshuj
interessant interesánt, -e
interessieren, sich (für) me u interesú (për), unë interesóhem (për)
international ndërkombëtár

J

ja po
Jacke jákne, -ja, Mz. -e
Jahr vit, -i, Mz. vjet
Jahreszeit stinë, -a, Mz. -ë
jährlich çdo vit
Jeans farmérka (Mz.), -t
jede(r) secíla; secíli
jedesmal çdo herë
jemand dikúsh
jener ai
jetzt tash, qetásh
Journalist gazetár, -i, Mz. -ë
jung i ri, e re
Junge djal, -i, Mz. djem
Junggesellinnenabschied kanagjéç, -i, Mz. -e

K

kalt i/e ftoftë
kaputt i/e prishtë
Karte kartélë, -a, Mz. -a
Kasse arkë, -a, Mz. -a
Katze macë, -a, Mz. -a

kaufen me ble, unë blej
Kaugummi sakëz, -i, Mz. -a
kennen me njohtë, unë njoh
Kind fmi, -ja, Mz. -jë
Kino kinemá, -ja, Mz. -á
Kirche kishë, -a, Mz. -a
Kissen jasték, -u, Mz. - ë
klar i/e qartë
Kleidung tésha (Mz.), -t
klein i/e vógël
Kleinbus kómbi, Mz. -i
klug i ménçëm, e ménçme
Knochen asht, -i, Mz. éshtna
kochen me zi, unë zij
Koffer valíxhe, -ja, Mz. -e
kommen me ardhë, unë vij
kompliziert i komplikúm, e komplikúme
Kondom kondóm, -i, Mz. -a
können me mujtë, unë muj *od.* unë múnem
Konsulat konsulát, -i, Mz. -e
kontrollieren me kontrollú, unë kontrollój
Konzert koncért, -i, Mz. -e
Kopf kry, kryt, Mz. kréna; [kokë, -a, Mz. -a]
Korkenzieher çélës i vénës, -i, Mz. -a
kosten (Preis) me kushtú, unë kushtój; **(probieren)** me provú, unë provój
kostenlos fálas; gratís
krank i/e smút
Krankenhaus spitál, -i, Mz. -e
Krankheit smúndje, -ja, Mz. -e
Krieg luftë, -a, Mz. lúftna
Kuchen (Gebäck) ambëlsínë, -a, Mz. -a; **(Torte)** tortë, -a, Mz. -a
Kugelschreiber kimík, -u, Mz. -a
Kuh lopë, -a, Mz. -ë
kühl i/e fréskët
Kühlschrank frigorifér, -i, Mz. -a
Kunst art, -i
kunstgewerbl. Waren punë dóre
kurz i/e shkurtë
Kuss púthje, -ja, Mz. -e
küssen me puthë, unë púthi

L

lächeln me buzëqéshë, unë buzëqéshi
lachen me keshë, unë késhi
Laden dyqán, -i, Mz. -e
Laken çarsháf, -i, Mz. -a
Lampe llampë, -a, Mz. -a
Land vend, -i, Mz. -e
Landkarte hartë, -a, Mz. -a
Landschaft reliéf, -i, Mz. -e
Landwirtschaft bujqësí, -a
lang(e) (Zeit, Entf.) gjatë
langsam (Eig.) i kadálshëm, e kadálshme; **(Umst.)** kadál
langweilen, sich me u mërzítë, unë mërzítem
langweilig i mërzítshëm, e mërzítshme
laufen (rennen) me vrapú, unë vrapój
laut i zhúrmshëm, e zhúrmshme; me zhurmë
leben me jetú, unë jetój
Leben jetë, -a
Lebensmittel ushqíme (Mz.), -t
Leder lëkúrë, -a, Mz. -a

ledig beqár, -e
leer i/e shprázët; bosh, -e
legen me vnu, unë vnoj; me qitë, unë qes
Lehrer mësús, -i, Mz. mësús
Lehrerin mësúse, -ja, Mz. -e
leicht (Gewicht) i/e lehtë
leihen, sich me huazú, unë huazój
lernen me mësú, unë mësój
lesen me lexú, unë lexój
Leute njérëz (Mz.), -it
Licht dritë, -a, Mz. -a
Liebe dashní, -a
lieben me dashtë, unë du
Lied kangë, -a, Mz. -ë
liegen me u shtri, unë shtríhem
lila vjollcë
links májtas
Loch birë, -a, Mz. -a; [vrimë, -a, Mz. -a]
Löffel lugë, -a, Mz. -ë
Lohn rrogë, -a, Mz. -a
lügen me rrejtë, unë rrej
lustig humoristík, cirkús

M

machen me bo, unë bój
Mädchen çikë, -a, Mz. -a; [vajzë, -a, Mz. -a]
malen me pikturú, unë pikturój
manchmal kanihérë, najhérë
Mann burrë, -i, Mz. -a
Mantel palltë, -a, Mz. -a
Markt (zum Einkaufen) pazár, -i, Mz. -e; **(allgemein)** treg, -u, Mz. trégje
Medikament iláç, -i, Mz. -e;
Meer det, -i, Mz. détna
mehr ma shum, ma tépër
mein/e jem/jéme (Ez.), e mi / e mía (Mz.)
Menge sasí, -a
Mensch njerí, -u, Mz. njérëz
merken, sich me mbajtë në mend, unë mbaj në m.
Messer thikë, -a, Mz. -a
mieten me marrë me qirá, unë marr me q.
Milch táměl, támli; [qúmësht, -i]
Mine minë, -a, Mz. -a
Minute minútë, -a, Mz. -a
mit me
Mittag mesdítë, -a
Mittagessen drekë, -a, Mz. -a
Mitte mes, -i, Mz. -e
Mode modë, -a, Mz. -a
möglich i múndshëm, e múndshme
Monat muj, -i, Mz. muj
morgen nésër
Morgen mëngjés, -i, Mz. -e
Moschee xhamí, -a, Mz. -í
Motor motór, -i, Mz. -a
Motorrad motociklétë, -a, Mz. -a
Mücke mushkójë, -a, Mz. -a; mickójë-a, Mz. -a
müde i/e lódhët, i/e lódhun
Müll bërllóg, -u; mbeturína (Mz.), -t
Müllhalde deponí e bërllógut
Mund gojë, -a, Mz. -ë
Museum muzé, -u, Mz. muzéume
Musik muzíkë, -a
müssen me u dashtë, unë dúhem / më dúhet
Mutter nonë, -a, Mz. -e
Mütze kaçkétë, -a, Mz. -a

N

nach (Richtung) kah; **(Zeit)** mas; [pas]
Nachbar kojshí, -u *od.* -a, Mz. -í; [fqinj, -i, Mz. -ë]

Nachbarin kojshíke, -ja, Mz. -e; [fqínjë, -a, Mz. -a]
Nachmittag masdíte, -ja, Mz. -e
Nachricht lajm, -i, Mz. -e
nächstes Mal tjétër herë
Nacht natë, -a, Mz. net
nackt cullák; [lakuríq]
Nadel gjilpánë, -a, Mz. -a
nah áfër, ngat, jo larg
nähern, sich me u avítë, unë avitem; me u afrú, unë afróhem
Name émën, émni, Mz. émna
Nase hundë, -a, Mz. -ë
nass i/e lágët, i/e lágun
Natur natýrë, -a
natürlich i natýrshëm, e natýrshme
neben áfër, ngat, ngjitë me
nehmen me marrë, unë marr
nein jo
neu i ri / e re
neugierig kureshtár, -e
NGO (Nichtregierungs-organisation) OJQ (Organizátë Joqeveritáre)
nicht nuk, s' (vor Verb); jo (ohne Verb); mos (vor Befehls- / Grundform)
nichts kurrgjá; [asgjë]
niedrig i/e úlët
niemals kurrë
niemand kurrkúsh; [askúsh]
nirgendwo(hin) kurrkúnd; [askúnd]
noch halá, édhe, énde; [akóma];
n. einmal prap, apét; [përsërí]
Norden verí, -u
normal normál, -e
Notstromaggregat gjeneratór, -i, Mz. -ë
notwendig (Eig.) i nevójshëm, e nevójshme
Nummer númër, -ri, Mz. -ra
nur veç; [vétëm]

O

ob nësé; a
oben nalt; [lart]
Obst frúta (Mz.), -t
Obstbaum pémë, -a, Mz. -ë
oder óse, a
offen i/e hápun; [i/e hápur]
offiziell (Umst.) zyrtarísht
öffnen me hapë, unë hápi
oft shpesh
ohne pa
Ohr vesh, -i, Mz. -ë
Öl voj, -i, Mz. vójna; [vaj, -i, Mz. vájna / vájra]
Onkel (mütterl.) dajë, -a, Mz. -ë *od.* dajallárë; **(väterl.)** axhë, -a, Mz.-ë *od.* axhallárë; mixhë, -a, Mz. mixhallárë
orange i/e portokálltë
Ordnung rrégull, -i
Organ orgán, -i, Mz. -e
organisieren me organizú, unë organizój
Ort vend, -i, Mz. -e
Osten líndje, -a
Österreich Austrí, -a
Österreicher austriák, -u, Mz. -ë
Österreicherin austriáke, -ja, Mz. -e

P / Q

paar do; [disá]
Paar çift, -i, Mz. -e
Päckchen, Paket páko, -ja, Mz. páko; pakétë, -a, Mz. -a
Palast pallát, -i, Mz. -e
Panne príshje, -ja, Mz. -e
Papier létër, -ra, Mz. -ra
Park park, -u, Mz. párqe

parken me parkú, unë parkój
Parkplatz parkíng, -u, Mz. -je
Party ahéng, -u, Mz. -je
Pass pasapórtë, -a, Mz. -a
passen (z. B. zeitlich) me konvenú, më konvenón; **(Kleidg.)** me ra tamám, më bjen tamam
Patient paciént, -i, Mz. -a
Pause pushím, -i, Mz. -e
Person persón, -i, Mz. -a
Pflanze bimë, -a, Mz. -ë
Plan plan, -i, Mz. -e
Platz (öffentl.) shesh, -i, Mz. -e; **(Sitz-)** vend, -i, Mz. -e
plötzlich paprítmas
Polizei policí, -a
Polizist políc, -i, Mz. -ë
Post postë, -a; PTK
Postkarte kartolínë, -a, Mz. -a
Preis çmim, -i, Mz. -e
Prepaid-Karte mbúshje, -ja, Mz. -e
privat privát, -e
Problem problém, -i, Mz. -e
Programm prográm, -i, Mz. -e
Punkt pikë, -a, Mz. -a
pünktlich i/e përpíktë; me kohë
Qualität cilësí, -a, Mz. -í; kualitét, -i
Quelle burím, -i, Mz. -e; gurrë, -a, Mz. -a

R

Rad rrotë, -a, Mz. -a
Radio(gerät) rádio, -ja
rasieren (sich) me u rru, unë rrúhem
Rat këshíllë, -a, Mz. -a
rauchen me pi duhán, unë pij d.
Raum dhomë, -a, Mz. -a
rechnen me llogarítë, unë llogarís
Rechnung llogarí, -a, Mz. -í
Recht haben me pasë të drejtë, unë kam të d.
rechts i/e djathtë; djáthas
reden me folë, unë flas
Regen shi, -u
Regenschirm çádër, -ra, Mz. -ra
Regierung qeverí, -a, Mz. -í
registrieren me regjistrú, unë regjistrój
reich i/e pásun; pasaník, -e
reichen me mjaftú; **(es reicht)** mjaft, boll
reif i/e pjékun
Reifen gomë, -a, Mz. -a
Reihe rradhë, -a, Mz. -a
Reise udhëtím, -i, Mz. -e
Reisebüro agjencíón turistík, -i, Mz. -e
reisen me udhëtú, unë udhëtój
reparieren me rregullú, unë rregullój; me ndreqë, unë ndréqi
reservieren me rezervú, unë rezervój
Rest mbeturínë, -a, Mz. -a
Restaurant restoránt, -i, Mz. -e
retten me shpëtú, unë shpëtój
Rettungswagen ambuláncë, -a, Mz. -a
richtig i/e drejtë
Richtung drejtím, -i, Mz. -e
roh i/e papjékun; i/e gjállë
rosa rozé, pémbe
rot i kuq, e kúqe
Rücken shpinë, -a, Mz. -a
Rückfahrt kthim, -i, Mz. -e
Rucksack çantë, -a, Mz. -a

rückständig i/e mrapambétun; [prapaník]
rufen me thirrë, unë thírri
Ruhe qetësí, -a

S

Sache send, -i, Mz. -e; [gjë, -ja, Mz. -ra]
sagen me thonë, unë thom
Salbe pomádë, -a, Mz. -a; kremë, -a, Mz. -a
Salz krypë, -a
sammeln me mbledhë, unë mblédhi
Sammeltaxi kómbi
Sand ranë, -a; zall, -i
satt i/e ngópun
Satz fjalí, -a, Mz. -í
sauber i/e pástër
säubern me pastrú, unë pastrój
sauer i/e tharbtë
Schaf déle, -ja, Mz. -e
scharf djégës *od.* djeks, -e
schenken me dhurú, unë dhurój
Schere gërshánë (Mz.), -t
schicken me çu, unë çoj; [me dërgú]
schießen me qëllú, unë qëllój
Schiff aníje, -ja, Mz. -e
schlafen me flejtë, unë flej
Schlafzimmer dhomë e fjétjes, -a, Mz. -a
schlagen me rrehë, unë rréhi
Schlagloch gropë, -a, Mz. -a
Schlange gjárpën, -ni, Mz. gjárpij
schlecht i keq, e kéqe; i/e dóbët
Schlucht grykë, -a, Mz. -a
Schlüssel çélës, -i, Mz. -a
schmackhaft i shíjshëm, e shíjshme
Schmerz dhímbje, -a, Mz. -e
schmerzen me dhimbtë; më dhemb
Schmuck stolí, -a, Mz. -í
Schmutz flliqësí, -a
schmutzig i/e ndótun; i/e písët; i/e fllíqun
Schnaps rakí, -a, Mz. -í
Schnee borë, -a
schnell (Eig.) i/e shpejtë; **(Umst.)** shpejt
schon qe; **(abgeschl.)** tashmá
schön i/e búkur
Schrank dolláp, -i, Mz. -a
schreiben me shkru, unë shkruj
Schublade fiókë, -a, Mz. -a; sirtár, -i, Mz. -ë
Schuh këpúcë, -a, Mz. -ë
schuldig fajtór, -i, Mz. -ë
Schule shkollë, -a, Mz. -a
Schüler nxánës, -i, Mz. nxánës
Schülerin nxánëse, -ja, Mz. -e
schwanger shtatzánë
schwarz i zi, e zezë
Schweinefleisch mish dérri
Schweiz Zvícër, -ra
Schweizer zvicerán, -i, Mz. -ë
Schweizerin zviceráne, -ja, Mz. -e
Schwelle prag, -u, Mz. prágje
schwer i/e randë
Schwester mótër,-ra, Mz. -ra
schwierig i/e vështírë
Schwimmbad pishínë, -a, Mz. -a
schwimmen me notú, unë notój
See liqén, -i, Mz. -e
sehen me pa, unë shoh
sehr shum, tépër
Seide mëndáfsh, -i, Mz. -e
Seife sapún, -i, Mz. -a
Seil konóp, -i, Mz. -a
sein me konë, unë jom; [me qenë, unë jam]

sein(e) i/e tij
seit qe, qysh prej;
s. wann qe sa
Seite anë, -a, Mz. -ë
Sekunde sekóndë, -a, Mz. -a
selbst vete, vetja
selten (Eig.) i/e rrallë
senden me çu, unë çoj; [me dërgú]
Senf senf, -i
Serbe sërb, -i, Mz. -ë
Serbin sërbe, -ja, Mz. -e
serbisch sërbísht
setzen, sich me u ulë, unë úlem
sicher i/e sigúrtë
Sie ju
sie (w. Ez.) ajó;
(Mz.) atá (m); ató (w)
Silber argjénd, -i,
singen me knu, unë knoj
sitzen me n(d)ejtë (úlun), unë rri (u.)
so ashtú
Socke çorápë, -a, Mz. -a
sofort menjihérë
Sohn djal, -i, Mz. djem; bir, -i. Mz. bij
solch i/e tillë
Soldat ushtár, -i, Mz. -ë
sollen me dashtë, unë du
Sommer verë, -a
Sonne dill, -i
Sorgen machen, sich me u mërzítë, unë mërzítem
sparen me kursý, unë kurséj
spät (Umst.) vonë
spazierengehen me shëtítë, unë shëtís
Speise gjellë, -a, Mz. gjéllna
Speisekarte menýja, -ja
Spiegel pasqýrë, -a, Mz. -a
spielen me lujtë, unë luj
Spielzeug lódër, -ra, Mz. -ra
Sport sport, -i, Mz. -e
Sprache gjuhë, -a, Mz. -ë
sprechen me folë, unë flas
Spritze shiríngë, -a, Mz. -a
Staat shtét, -i, Mz. -e
Staatsangehörigkeit shtetësí, -a
Staatsanwalt prokurór, -i, Mz. -ë
Stadt qytét, -i, Mz. -e
stark i/e fortë
Staub plúhun, -i
stecken me futë, unë fus
stehen me n(d)ejtë në kam(b)ë, unë rri në k.
Stein gur, -i, Mz. -ë
Stelle vend, -i, Mz. -e
stellen me vendósë, unë vendósi
sterben me vdekë, unë vdes
Stimme za, záni, Mz. -na; [zë, zëri, Mz. zëra]
Stoff shtof, -i, Mz. -na
stören me pengú, unë pengój
Strafe dëním, -i, Mz. -e
Strand plazh, -i, Mz. -e
Straße rrugë, -a, Mz. -ë
Streichhölzer qibrít, -i, Mz. -a
streiten me u përlá, unë përláhem
Strom rrymë, -a
Stromausfall ndálje e rrýmës, -a, Mz. -e
Strumpf çorápë, -a, Mz. -a
Stück (Mengenangabe) copë, -a, Mz. -a;
(Musik, Kuchen) pjesë, -a, Mz. -ë
Student studént, -i, Mz. -ë
Studentin studénte, -ja, Mz. -e
Stuhl karrígë, -a, Mz. -a
Stunde orë, -a, Mz. -ë
suchen me kërkú, unë kërkój; me lypë, unë lýpi
Süden jug, -u
Summe shumë, -a, Mz. -a

Suppe supë, -a, Mz. -a; çorbë, -a, Mz. -a
süß i/e ámbël
Süßigkeit ambëlsínë, -a, Mz. -a

T

Tabak duhán, -i
Tablette tablétë, -a, Mz. -a
Tag ditë, -a, Mz. -ë
täglich (Eig.) i përdítshëm, e përdítshme; **(Umst.)** çdo ditë
Tal lugínë, -a, Mz. -a
Tankstelle pompë, -a, Mz. -a
Tante (mütterl.) téze, -ja, Mz. -e; **(väterl.)** hallë, -a, Mz. -a
tanzen me kcy, unë kcej
Tasche çantë, -a, Mz. -a; **(Kleider-)** xhep, -i, Mz. -a
Tasse filxhán, -i, Mz. -a
Taxi táksi, -a, Mz. -í
Tee çaj, -i, Mz. -a
Telefon telefón, -i, Mz. -a
telefonieren me telefonú, unë telefonój; me folë me telefón, unë flas me t.
teuer i/e shtrejtë
Theater teátër, -ri, Mz. -ro
tief (Etage) i póshtëm, e póshtme; **(Wasser)** i/ e thellë
Tier kafshë, -a, Mz. -ë
Tisch tavolínë, -a, Mz. -a
Tochter çikë, -a, Mz. -a
Tod dekë, -a; [vdékje, -a]
Toilette toalét, -i, Mz. -e
Toilettenpapier létër toaléti; létra e toalétit
tot i/e vdékun
töten me vrá, unë vras
Tradition tradítë, -a, Mz. -a
tragen (bringen) me pru, unë bi; [me sjellë, unë sjell]; **(Kleidung)** me veshë, unë véshi; **(schleppen)** me bajtë, unë baj; **(Schuhe)** me mbathë, unë mbáthi
traurig i/e mërzítun; i pikëllúm, e pikëllúme
treffen me takú, unë takój
Treffen (Verabredung) takím, -i, Mz. -e
trennen me nda, unë ndaj
Treppe shkallë (Mz.), -t
trinken me pi, unë pij
Trinkgeld bakshísh, -i
trocken i/e térun; i/e thatë
trocknen me terë, unë téri; me tha, unë thaj
Tropfen pikë, -a, Mz. -a
trotzdem megjithát
tschüss tung
T-Shirt maícë, -a, Mz. -a
tun me bo, unë boj [unë bëj]
Tür derë, -a, Mz. dyr
Turm kullë, -a, Mz. -a

U

üben me ushtrú, unë ushtrój
über (örtl.) mbi
überall kahmós; [kudó]
überhaupt: ü. nicht hiç (+ *Verneinung*); **(allgemein)** në përgjithësí
übermorgen masnésër
Überraschung befasí, -a, Mz. -í
übersetzen (Sprache) me përkthý, unë përkthéj
Übersetzer përkthýs, -i, Mz. përkthýs
Übersetzerin përkthýse, -ja, Mz. -e
Überweisung transfér i páreve, -i
Uhr orë, -a, Mz. -ë; sahát, -i, Mz. -a

um (räumlich) përréth;
u. zu ... për (me) ...
Umgebung ambiént, -i
umkehren me u kthý, unë kthéhem
Umleitung devijím, -i, Mz. -e
umtauschen me këmbý, unë këmbéj
Umwelt mjedís, -i; ambiént, -i
unbekannt i/e panjóhun
und e, édhe;
u. so weiter (usw.) e të tjerë (m), e të tjéra (w); Abk.: etj.
Unfall aksidént, -i, Mz. -e
Universität universitét, -i, Mz. -e
unschuldig i pafájshëm, e pafájshme
unser/e jonë, tanë
unten poshtë
unter nën
Unterhaltung bisédë, -a, Mz. -a; muhabét, -i, Mz. -e
Unterkunft akomodím, -i, Mz. -e
unterrichten me mësú, unë mësój
unterschreiben me nënshkrú, unë nënshkrúj
Urlaub pushím, -i, Mz. -e

V

Vater babë, -a, Mz. baballárë
verabreden (sich) me caktú termín, unë caktój t.
Verabredung takím, -i, Mz. -e
verabschieden: sich v. me përshnét, unë përshnés;
(hinausbegleiten) me përcjéllë, unë përcjélli
verändern me ndryshú, unë ndryshój
verboten sein me u ndalú, (kjo) ndalóhet
Verbrechen krim, -i, Mz. -e
verbringen (Zeit) me kalú, unë kalój
verdienen (Geld) me fitú, unë fitój
vergessen me harrú, unë harrój
vergnügen, sich me u knaqë, unë knáqem
verirren, sich me hupë rrúgën, unë húpi rr.
verkaufen me shitë, unë shes
verleihen me huazú, unë huazój
verletzt i/e vramë; [i/e plagósur]
Verletzung plagósje, -ja, Mz. -e
verlieben, sich me ra në dashuní, unë bi në d.
verlieren (Dinge) me hupë, unë húpi
vermieten me dhanë me qirá, unë jap me q.
verrückt i/e trentë, [i/e çméndun]
Versicherung sigurím, -i, Mz. -e
verspäten, sich me u vonú, unë vonóhem
versprechen (jmd.) me premtú, unë premtój;
(sich) me rrshitë gója, më rrshet gója
verstehen me marrë vesh, unë marr vesh; me kuptú, unë kuptój
versuchen me provú, unë provój; me tentú, unë tentój
viel shúm

vielleicht náshta; [ndóshta]
Vogel zog, -u, Mz. zogj
Volk pópull, -i, Mz. pópuj
Volkszugehörigkeit nacionalitét, -i, Mz. -e
voll plot
von prej, nga
vor pára
vorbereiten me përgatítë, unë përgatís
vorgestern pardjé
vorher pára
Vormittag paradíte, -ja, Mz. -e
Vorname émën, émni, Mz. émna
vorne përpára
vorschlagen me propozú, unë propozój
Vorspeise paragjéllë, -a, Mz. -na
vorstellen (Imagination) me paramendú, unë paramendój; **(sich)** me u njoftú, unë njoftóhem

W

Wagen kérr, -i, Mz. -e; [vetúrë, -a, Mz. -a]
wahr i/e vërtétë
während sapó
Wald mal, -i, Mz. -e; [pyll, -i, Mz. pýje]
Wand múr, -i, Mz. -e
wandern me shëtítë, unë shëtís
wann kur
Ware mall, -i, Mz. mállna
warm i/e voktë
warten me pritë, unë pres
warum pse
was çka
waschen me la, unë laj
Waschmaschine maqínë e téshave, -a, Mz. -a
Wasser ujë, úji, Mz. újna
Wechselgeld kusúr, -i
wechseln me këmbý, unë këmbéj
wecken me çu prej gjúmit, unë çoj prej gj.; [me zgju, zgjoj]
Weg rrugë, -a, Mz. -ë; **(Pfad)** shteg, -u, Mz. shtígje
wegen për shkak të
weiblich femnór, -e
weil se; [sepsé]
Wein venë, -a, Mz. -a
weinen me kajtë, unë kaj; [me qa, unë qaj]
weiß i/e bardhë
weit (Umst.) larg
welche(r) e cíla, i cíli
wenig pak
wenn (als) kur; **(falls)** nësé
wer kush
werden me u bo, unë bóhem (báhem)
Westen perëndím, -i
Wetter kóhë, -a
wichtig (Eig.) i randsíshëm, e randsíshme; **(Umst.)** me randsí
wie qysh, si; **w. viel** sa
wieder apét, prapë; [përsërí]
wiederholen me përsërítë, unë përsërís; me thonë édhe nji herë, unë thom édhe nji herë
Wind erë, -a, Mz. érna
Winter dímën, -ni, Mz. -na
wir na; [ne]
wissen me ditë, unë di
Witz hajgáre, -ja, Mz. -e; vic, -i, Mz. -a
wo ku
Woche javë, -a, Mz. -ë
woher prej ku
wohin kah, ku
wohnen me banú, unë banój
Wohnung banésë, -a, Mz. -a
Wolle lesh, -i

wollen me dashtë, unë du
Wort fjalë, -a, Mz. -ë
Wörterbuch fjalór, -i, Mz. -ë
Wunde plagë, -a, Mz. -ë
wünschen me dëshirú, unë dëshirój

Z

zahlen me pagú, unë pagúj
Zahn dhamb, -i, Mz. -ë
Zahnarzt stomatológ, -u, Mz. -ë; dentíst, -i, Mz. -a
Zahnpasta pastë dhámbësh, pásta e dhámbëve
Zange dána (Mz.), -t
zeigen me tregú, unë tregój
Zeit kohë, -a, Mz. kóhna
Zeitung gazétë, -a, Mz. -a
Zelt tendë, -a, Mz. -a
Zentrum qéndër, -ra, Mz. -ra
zerstören me shkatërrú, unë shkatërrój
Zigarette cigáre, -ja, Mz. -e
Zimmer dhomë, -a, Mz. -a
Zoll dogánë, -a
zu (+ Adjektiv) tépër;
zufrieden i knáqshëm, e knáqshme
Zug tren, -i, Mz. -a
zugeben me pranú, unë pranój
zuhören me ndigjú, unë ndigjój
zurück mrápa, mrapsht
zusammen bashkë
zwingen me detyrú, unë detyrój
zwischen mes, ndërmjét

Wörterliste Kosovo-Albanisch – Deutsch

A

a oder
administrátë Behörde
adrésë Adresse
aeroplán Flugzeug
aeropórt Flughafen
áfër nah, neben
me u afrú, unë afróhem sich nähern
agjención turistík Reisebüro
ahéng Party
ai er, jener
ajó sie (Ez.)
akóma noch
akomodím Unterkunft
aksidént Unfall
akullóre (Speise-)Eis
alkoól Alkohol
ambasádë Botschaft (dipl.)
i/e ámbël süß
ambëlsínë Gebäck, Kuchen, Süßigkeit
ambiént Umgebung
ambuláncë Rettungswagen
amvíse Hausfrau
anë Seite
anéj dorthin
anglísht englisch (Umst.)
aníje Schiff
me u ankú, unë ankóhem sich beschweren
apét wieder, noch einmal
ar Gold
argjénd Silber
me ardhë, unë vij kommen
arkë Kasse
me arrítë, unë arríj ankommen
arrítje Ankunft
arsý: për këtë a. deshalb
art Kunst
asgjë nichts
ásht Knochen
ashtú so;
a. që damit
askúnd nirgendwo(hin)
askúsh niemand
atá sie (m, Mz.)
atjé da, dort
ató sie (w, Mz.)
atý da, dort
Austrí, -a Österreich
austriák Österreicher
austriáke Österreicherin
autobús Bus
autolárje Autowäsche
autoservís Autowerkstatt
avión Flugzeug
me u avítë, unë avítem sich nähern
axhë Onkel (väterl.)

B

me u ba, báhem = me u bo werden
babë Vater
bagázh Gepäck
báhçe Garten
me bajtë, unë baj tragen, schleppen
bakshísh Trinkgeld
banésë Wohnung
bánjo Badezimmer
bankë Bank (Geld)
banór Einwohner
me banú, unë banój wohnen
bar Gras
i/e barabártë gleich(mäßig)
i/e bardhë weiß
bark Bauch
barkë Boot
barnatóre Apotheke
bash genau (Umst.)
bashkë zusammen
baterí Batterie
befasí Überraschung
beqár, -e ledig
bërllóg Müll
me besú, unë besój glauben

biciklétë Fahrrad
bikíni Bikini
bilétë Fahrkarte
b. për avion Flugticket
bimë Pflanze
bir Sohn
birë Loch
birrë Bier
bisédë Unterhaltung
bisedím Gespräch
me ble, unë blej kaufen
me bo, unë boj; [unë bëj] machen, tun; **me u b., unë bóhem** werden
boll genug!, es reicht!
borë Schnee
bosh, -e leer
brékët e lámjes Badehose
budállë, budallícë dumm
bujk Bauer
bujqësí Landwirtschaft
bukë Brot
i/e búkur hübsch, schön
burg Gefängnis
burím Quelle
burrë Mann; Ehemann
me buzëqéshë, unë buzëqéshi lächeln

C (Ç)

çádër Regenschirm
çaj Tee
me caktú termín, unë caktój t. sich verabreden
çantë Rucksack, Tasche
çarsháf Laken; **(Mz.)** Bettzeug
çdo: ç. ditë jeden Tag, täglich (Umst.); **ç. herë** jedesmal; **ç. vit** jährlich
çekíç Hammer
çélës Schlüssel; **ç. i vénës** Korkenzieher
çeltë: me ngjyrë të ç. hell (Farbe)
çift Ehepaar, Paar
cigáre Zigarette
çíkë Mädchen, Tochter
cilësí Qualität
i cíli, e cíla welche(r)
cirkús lustig
çka was
i/e çméndun verrückt
çmim Preis; **ç. i bilétës** Fahrpreis
copë Stück
çorápë Socke, Strumpf
çorbë Suppe
me çu, unë çoj heben; schicken, senden; **me ç. prej gjúmit** wecken; **me u ç., unë çóhem** aufstehen
cullák nackt

D (Dh)

dajë Onkel (mütterl.)
dakíkë Minute
dálje Ausgang
dána (Mz.) Zange
darkë Abendessen
dársëm Hochzeit
dashní Liebe
me dashtë, unë du wollen, lieben, sollen; **me u d., unë dúhem** müssen; **më dúhet** brauchen
datë Datum
i/e déhun betrunken
dekë Tod
déle Schaf
dembél faul, träge
dëním Strafe
dentíst Zahnarzt
me dënú, unë dënój bestrafen
deponí e bërllógut Müllhalde
derë Tür
me dërgú schicken, senden
déri bis
me deshë, unë déshi (etw.) ausziehen; **me u d., unë déshem** sich ausziehen

me dëshirú, unë dëshirój wünschen
det Meer
me detyrú, unë detyrój zwingen
devijím Umleitung
dhamb Zahn
me dhanë, unë jap geben;
me dh. me qirá vermieten
dhe (Garten-)Erde
me dhezë, unë dhézi einschalten; anzünden
dhímbje Schmerz
me dhimbtë; më dhemb schmerzen
dhomë Raum, Zimmer;
dh. e fjétjes Schlafzimmer
dhurátë Geschenk
me dhurú, unë dhurój schenken
dialékt Dialekt
diaré Durchfall
diçká etwas
dikúsh jemand
dill Sonne
dímën Winter
disá einige, ein paar
diskotékë Diskothek
ditë Tag
me ditë, unë di wissen
ditëlíndje Geburtstag
djal Sohn; Junge
djáthas rechts (Umst.)
i/e djathtë rechts
dje gestern
me djegë, unë djégi brennen
djégës, djeks scharf
do einige, ein paar
i/e dóbët schlecht
dogánë Zoll
dokumént Dokument
dolláp Schrank
dorë Hand
dost Freund
drejt geradeaus
i/e drejtë richtig
drejtím Richtung
drekë Mittagessen
dritáre Fenster
dritë Licht
dru Holz, Baum
duhán Tabak
dur (Mz.) Hände
dush Dusche
dy: të d., të dýja beide
dyqán Geschäft (Laden)
dyr (Mz.) Türen

E

e und; auch
i/e eçtë durstig
édhe und; auch; noch
ekskursión Führung
ekspozítë Ausstellung
elektricíst Elektriker
emáil E-Mail
émën Name, Vorname
énde noch
enë Geschirr
erë Wind, Geruch
érëz,-a, Mz.-a Gewürz
i/e érrët dunkel
éthe (Mz.) Fieber
etj. (e të tjéra) usw. (und so weiter)
étje Durst
i/e étun durstig

F

fajtór schuldig
fálas kostenlos
falemnérës, falemnéris danke
falemindérit, falemnérit danke
me falënderú, unë falënderój danken; gratulieren
fálje Gebet (islam.)
famílje Familie
i fámshëm, e fámshme berühmt
farmérka (Mz.) Jeans
fémën Frau
femnór weiblich
festë Fest, Feier
me festú, unë festój feiern
me fikë, unë fíki ausschalten

me fillú, unë fillój anfangen
film Film
filxhán Tasse
fiókë Schublade
me fitú, unë fitój gewinnen, verdienen
fjalë Wort
fjalí Satz
fjalór Wörterbuch
flamúr Fahne
me flejtë, unë flej schlafen
fletë Blatt
me flirtú, unë flirtój flirten
flliqësí Dreck, Schmutz
i/e fllíqun schmutzig
me fluturú, unë fluturój fliegen
fmi Kind
me folë, unë flas sprechen, reden;
me f. me telefón telefonieren
folklór Folklore
formulár Formular
i/e fortë fest, hart, stark
fotografí Fotografie
me fotografú, unë fotografój fotografieren
fqinjë Nachbarin
frangjísht französisch (Umst.)
i/e fréskët kühl; frisch (Obst)
frigorifér Kühlschrank
frikë Angst
me u frikësú, unë frikësóhem sich fürchten
frúta Obst
fshatár Dörfler, Bauer
fshatáre Dörflerin, Bäuerin
ftesë Einladung
me u ftofë, unë jam ftofë erkältet sein
i/e ftoftë kalt
me ftu, unë ftoj einladen
ftyrë Gesicht
fund Ende
furnélë Gaskocher
fushë Feld
me futë, unë fus hineinstecken
me fy, unë fyj beleidigen

G (Gj)

gabím Fehler
i gabúm, e gabúme falsch
gáti fertig (Umst.); fast
gazetár Journalist
gazétë Zeitung
gazménd Fest, Feier
germë Buchstabe
gërshánë (Mz.) Schere
gëzím Freude
me u gëzú, unë gëzóhem freuen, sich
i gëzúm, e gëzúme fröhlich
gisht Finger
gjak Blut
i/e gjallë lebendig, roh
i/e gjanë breit
gjárpën Schlange
gjatë lang(e) (Zeit, Entfernung)
i/e gjélbërt grün
gjellë Speise, Gericht
gjeneratór Generator, Notstromaggregat
i/e gjerë breit
gjermán deutsch (m), Deutscher
gjermáne deutsch (w), Deutsche
Gjermaní, -a Deutschland
me gjetë, unë gjej finden
gji Brust (weibl.)
gjilpánë Nadel
gjithçká alles
gjithë, gjithmónë immer
gjoks Brust(korb)
gjuhë Sprache
gjykátë Gericht (jur.)
gjysë Hälfte
gjysh Großvater
gjýshe Großmutter
gojë Mund
gomë Reifen

gotë (Trink-)Glas
gra (Mz.) Frauen
grabítje Einbruch
gramatíkë Grammatik
gratís kostenlos
grip Grippe
gropë Schlagloch
gru Frau, Ehefrau
grup Gruppe
grykë Schlucht
gur Stein
gurrë Quelle

H

hajgáre Witz
hajn Dieb
halá noch
hallë Tante (väterl.)
me hángër, unë ha essen;
me h. mëngjés frühstücken
me hapë, unë hápi öffnen
i/e hápun; [i/e hápur] offen
me harrú, unë harrój vergessen
hartë Landkarte
hekurúdhë Eisenbahn
helm Gift
herë: nji h. einmal
hérët früh
me hi, unë hij eintreten
hiç überhaupt nicht
higjiénë Hygiene
historí Geschichte (hist.)
i/e hollë dünn
hotél Hotel
me huazú, unë huazój sich leihen; verleihen
i/e huj ausländisch; fremd
humoristík lustig
hundë Nase
me hupë, unë húpi verlieren (Dinge);
me h. rrúgën sich verirren
hýmje Eingang
me hypë, unë hýpi einsteigen
hýrje Eingang

I

iláç Medikament
industrí Industrie
información Auskunft
me u informú, unë informóhem sich informieren
insékt Insekt
interesánt interessant
me u interesú (për), unë interesóhem (për) sich interessieren (für)
íshull Insel

J

jákne Jacke
jashtë draußen, außerhalb;
j. véndit im Ausland
i jáshtëm, e jáshtme fremd; ausländisch
jasték Kissen
jávë Woche
jem, jéme mein(e)
jetë Leben
me jetú, unë jetój leben
jo nein, nicht
jonë unser(e)
jot, jóte dein(e)
ju ihr; Sie
jug Süden
i/e/të juj euer, eure; Ihr(e)

K

ka es gibt
kaçkétë Mütze
kadál langsam (Umst.)
i kadálshëm, e kadálshme langsam (Eig.)
káfe Café
kafshë Tier
i/e kaftë braun
kah nach (Richtung); wohin
kahmós überall

me kajtë, unë kaj weinen
kalá Burg, Festung
i/e kálbun faul (Obst)
me kallxú, unë kallxój erzählen
i/e káltërt blau
me kalú, unë kalój verbringen (Zeit)
kam(b)ë Fuß; Bein; **në k.** zu Fuß
kamérë Fotoapparat
kanagjéç Junggesellinnenabschied
i kándshëm, e kándshme angenehm
kangë Lied
kanihérë manchmal
karburánt Benzin
karrígë Stuhl
kartélë Karte
kartolínë Postkarte
kat Etage
katunár Dörfler, Bauer
katunáre Dörflerin, Bäuerin
katúnd Dorf
me kcy, unë kcej tanzen
me këmbý, unë këmbéj umtauschen, wechseln
këpúcë Schuh
i keq, e kéqe schlecht
kërkésë Bitte
me kërkú, unë kërkój suchen; **me k. fálje** sich entschuldigen
kerr Wagen, Auto
kesh Bargeld
me keshë, unë késhi lachen
këshíllë Rat
kët diese(n) (Wenfall)
kimík Kugelschreiber
kinemá Kino
kishë Kirche
kjo diese
kmishë Hemd
me u knaqë, unë knáqem sich vergnügen
i knáqshëm, e knáqshme zufrieden
me knu, unë knoj singen
kohë Zeit, Wetter; **me k.** pünktlich
kojshí Nachbar
kojshíke Nachbarin
kómbi Kleinbus, Sammeltaxi
kompjutér Computer
i komplikúm, e komplikúme kompliziert
koncért Konzert
kondóm Kondom
me konë, unë jom sein
konóp Seil
konsulát Konsulat
me kontrollú, unë kontrollój kontrollieren
me konvenú, më konvenón passen (z. B. zeitlich)
kopsht Garten
kokë Kopf
krah Arm
krahínë Gegend
krejt ganz, alles, alle
kremë Salbe
krim Verbrechen
kry Kopf
me kry, unë kryj beenden
kryesór Haupt-
krypë Salz
kthim Rückfahrt
me u kthy, unë kthéhem umkehren
ktu hier
ku wo, wohin
kualitét Qualität
kudó überall
kufí Grenze
kujtím Andenken
me u kujtú, më kujtóhet sich erinnern
kullë Turm
kulm Dach
kúndër gegen
e kúndërta Gegenteil
me kuptú, unë kuptój verstehen
i kuq, e kúqe rot
kur als, wenn (zeitl.), wann

i kureshtár, e kureshtáre neugierig
kurrë niemals
kurrgjá nichts
kurrkúnd nirgendwo(hin)
kurrkúsh niemand
me kursý, unë kurséj sparen
kush wer
me kushtú, unë kushtój kosten (Preis)
kusúr Wechselgeld
ky dieser

L (Ll)

me la, unë laj waschen;
me u l., unë láhem baden, sich waschen
i/e lágët, i/e lágun nass
lajm Nachricht
me lajmrú, unë lajmrój benachrichtigen
lakuríq nackt
laps Bleistift
laramán bunt
larg weit, fern (Umst.)
lart oben
i/e lartë hoch
i/e lehtë leicht (Gewicht)
léje Erlaubnis
me lejú, unë lejój erlauben
lëkúrë Haut, Leder
lesh Wolle
me lëshú, unë lëshój einschalten
létër Brief, Papier;
l. toaléti Toilettenpapier
letërnjoftím Ausweis
leukoplást Heftpflaster
me lexú, unë lexój lesen
líbër Buch
ligj Gesetz
líndje Osten
liqén See
i/e lirë billig, frei
llampë Lampe
llogarí Rechnung
me llogarítë, unë llogarís rechnen
lódër Spielzeug
i/e lódhët, i/e lódhun müde
lopë Kuh
luftë Krieg
lugë Löffel
lugínë Tal
me lujtë, unë luj spielen
lúle Blume
lum Fluss
i/e lúmtun glücklich
lumtuní Glück
me lutë, unë lus bitten
lútje Gebet (christl.)

M

ma: m. (i/e) mirë besser;
m. shum, m. tépër mehr
macë Katze
i madh, e mádhe groß
madhësí Größe (Kleidung)
maícë T-Shirt
májtas links (Umst.)
mal Berg, Wald
mále (Mz.) Gebirge
mall Ware
mandéj danach
maqínë e téshave Waschmaschine
me marrë, unë marr nehmen, erhalten;
me m. frymë atmen;
me m. me qirá mieten;
me m. vesh verstehen
me u martú, unë martóhem heiraten
mas nach (Zeit)
masandéj danach
masdíte Nachmittag
me mashtrú, unë mashtrój betrügen
masnésër übermorgen
me mbajtë, unë mbaj halten;
me mb. në mend sich merken
me mbathë, unë mbáthi tragen (Schuhe)

mbesë Enkelin
mbeturínë Rest
mbi über, auf
mbiémën Familienname
me mbledhë, unë mblédhi sammeln
mbulésë (Bett-)Decke
mbúshje Füllung; Prepaid-Karte
me mit
megjithát trotzdem
mëlmésë Gewürz
i ménçëm, e ménçme klug
mëndáfsh Seide
me mendú, unë mendój denken
mëngjés Morgen; Frühstück
menjihérë sofort
mený Speisekarte
me u mërzítë, unë mërzítem sich Sorgen machen, sich langweilen
i mërzítshëm, e mërzítshme langweilig
i/e mërzítun traurig
mes Mitte; zwischen
mesdítë Mittag
me mësú, unë mësój lernen, lehren; **me u m., mësóhem** sich gewöhnen
mësús Lehrer
mësúse Lehrerin
mi über, auf
e mi, e mía meine
mickójë Mücke
mik Freund
mikéshë Freundin
mikprítje Gastfreundschaft
minë Mine
minútë Minute
miqësí Freundschaft
miqësór, miqësóre freundschaftlich
i/e mirë gut
mirëpó aber
mish Fleisch; **m. dérri** Schweinefleisch
mixhë Onkel (väterl.)
mjaft! genug!, es reicht!
me mjaftú genügen
mjedís Umwelt
mjek Arzt
mjéke Ärztin
mjéshtër Handwerker
i móçëm, e móçme alt (nicht jung)
modë Mode
monumént Denkmal
mos nicht
moshë (Lebens-)Alter
mótër Schwester
motociklétë Motorrad
motór Motor
mrámje Abend
mrápa hinten, hinter; zurück
i mrapambétun, e mrapambétun rückständig
mrapsht zurück
mréna drinnen
muj Monat
me mujtë, unë muj / unë múnem können; dürfen
i múndshëm, e múndshme möglich
mur Wand
mushkójë Mücke
muzé Museum
muzíkë Musik
mysafír Besuch, Gast

N (Nj)

na wir
nacionalitét Volkszugehörigkeit
naj: n. send etwas
najhérë manchmal
nalt oben, hoch (Richtung)
i/e naltë hoch (Eig.)
namáz Gebet (islam.)
náshta vielleicht
natë Nacht
natýrë Natur

i natýrshëm, e natýrshme natürlich
me nda, unë ndaj trennen
me u ndalë, unë ndálem anhalten, aufhören
ndálje e rrýmës Stromausfall
me u ndalú, ndalóhet verboten sein
me ndejtë, unë rri bleiben, sitzen;
me nd. në kam(b)ë stehen
me nd. úlun sitzen
ndërkombëtár international
ndërmjét zwischen
ndërtésë Gebäude
me ndërtú, unë ndërtój bauen
me ndigjú, unë ndigjój zuhören
ndihmë, -a Hilfe
me ndihmú, unë ndihmój helfen
ndjenjë Gefühl
me u ndodhë, ndódhem sich befinden
ndóshta vielleicht
i/e ndótun schmutzig
me ndreqë, unë ndréqi reparieren, richten
me ndryshú, unë ndryshój verändern
ne wir
në in (zeitlich, örtlich)
me nejtë = me ndejtë bleiben, sitzen
nën unter
me nënshkrú, unë nënshkrúj unterschreiben
nëpër durch (hindurch)
nëpúnës Angestellter
nëpúnëse Angestellte
nësé ob; wenn, falls
nésër morgen
me u nevojítë, më nevojítet brauchen
i nevójshëm, e nevójshme notwendig (Eig.)
nga von
ngat nah, neben
ngjárje Ereignis
i ngjáshëm, e ngjáshme ähnlich
ngjitë me neben
ngjyrë Farbe
i/e ngjyrósun bunt
i/e ngópun satt
i/e ngushtë eng
me u ngutë, unë ngútem sich beeilen
me ni, unë nij hören, sich fühlen
nip Enkel
me nirthë, unë narth frieren
me u nisë, unë nísem abfahren, abfliegen, abreisen
njáni-tjétrin, njáni-tjétrit einander
njérëz (Mz.) Leute
njerí Mensch
me u njoftú, unë njoftóhem sich bekannt machen, sich vorstellen
me njohtë, unë njoh kennen
nonë Mutter
normál, -e normal
me notú, unë notój schwimmen
nuk nicht
númër Nummer
nxánës Schüler
nxánëse Schülerin
i/e nxetë heiß
me nxjerrë, unë nxjérri herausziehen

O

obórr Hof
OJQ (Organizátë Joqeveritáre) NGO (Nichtregierungsorganisation)
orár Fahrplan
orë Stunde, Uhr
orgán Organ

me organizú, unë organizój organisieren
óse oder

P

pa ohne
me pa, unë shoh sehen
paciént Patient
i pafájshëm, e pafájshme unschuldig
me pagú, unë pagúj (be)zahlen
pak wenig, bisschen
pakétë, páko Paket
pallát Palast
palltë Mantel
pámje Bild
pamúk Baumwolle
i/e panjóhun unbekannt
pantólla (Mz.) Hose
i/e papjékun roh
paprítmas plötzlich
páqe Frieden
pára vor, vorher;
p. se bevor
paradíte Vormittag
paragjéllë Vorspeise
me paramendú, unë paramendój sich vorstellen (Imaginat.)
pardjé vorgestern
páre Geld;
p. të gátshme Bargeld
park Park
parkíng Parkplatz
me parkú, unë parkój parken
pas nach (Zeit)
pasaník reich
pasapórtë Pass
me pasë, unë kam haben;
me p. të drejtë Recht haben
pasqýrë Spiegel
pastáj dann
pastë dhámbësh Zahnpasta
i/e pástër sauber
me pastrú, unë pastrój sauber machen
i/e pásun reich
pazár Markt
pe Faden
me pëlqý, unë pëlqéj gefallen;
më pëlqén es gefällt mir
pémbe rosa
pemë Obstbaum, Frucht
me pengú, unë pengój stören
për für; damit;
p. me ... um zu ...
përafërsísht etwa
përbállë gegenüber
me përcjéllë, unë përcjélli verabschieden, hinausbegleiten
i përdítshëm, e përdítshme täglich (Eig.)
perëndím Westen
me përfundú, unë përfundój beenden
me përgatítë, unë përgatís vorbereiten
përgjígje Antwort
me u përgjígjë, unë përgjígjem antworten
përgjithësí: në p. überhaupt (allgemein)
i/e përhímtë grau
perímet Gemüse
me përkthý, unë përkthéj übersetzen (Sprache)
përkthýs Dolmetscher, Übersetzer
me u përlá, unë përláhem streiten
përpára vorne
i/e përpíktë pünktlich
përrállë Geschichte (Erzähl.)
përréth um (räumlich)
përsërí wieder, noch einmal
me përsërítë, unë përsërís wiederholen

me përshnét, unë përshnés grüßen; sich verabschieden
persón Person
përzemërsísht herzlich (Umst.)
peshë Gewicht
peshk Fisch
peshkír Handtuch
me pi, unë pij trinken; **me p. duhán** rauchen
píje Getränk
pikë Punkt; Tropfen
i pikëllúm, e pikëllúme traurig
me pikturú, unë pikturój malen
pirún Gabel
i/e písët schmutzig
pishínë Schwimmbad
i/e pitë betrunken
i/e pjékun reif, gebacken
pjesë Stück, Ersatzteil
plaf (Bett-)Decke
plagë Wunde
plagósje Verletzung
i/e plagósur verletzt
plak Alter (Greis)
plakë Alte (Greisin)
plan Plan
plazh Strand
plin Gaskocher
plot voll
plúhun Staub
po ja, aber
políc Polizist
policí Polizei
pomádë Salbe
pompë Tankstelle
pópull Volk
porosí Bestellung
me porosítë, unë porosís bestellen
i/e portokálltë orange
poshtë unten
i póshtëm, e póshtme tief
postë Post
pra also, deshalb, so, dann
prag Schwelle
prandáj also, deshalb
me pranú, unë pranój zugeben; anerkennen (Staat)
pranvérë Frühling
prapaník rückständig
prapë wieder, noch einmal
prej aus, von; **p. ku** woher
me premtú, unë premtój versprechen
prind Eltern
príshje Panne
i/e prishtë kaputt
me pritë, unë pres warten
privát privat
problém Problem
profesión Beruf
prográm Programm
prokurór Staatsanwalt
pronár Besitzer
pronë Eigentum
me propozú, unë propozój vorschlagen
provë Beweis
me provú, unë provój probieren, versuchen
me pru, unë bi bringen, tragen
pse warum
pullë (postále) Briefmarke
punë Arbeit, Geschäft (Tätigkeit); **p. dóre** Handarbeit, kunstgewerbl. Waren
punëtór Arbeiter
punëtóre Arbeiterin
me punú, unë punój arbeiten
pushím Pause, Urlaub
pushkë Gewehr
me pushú, unë pushój sich erholen
me puthë, unë púthi küssen
púthje Kuss
me pytë, unë pys fragen
pyll, -i, Mz. pýje Wald
pýtje Frage

Q

me qa, unë qaj weinen
qafë Hals
i/e qartë klar
qe schon; seit; so
q. sa seit wann
qef: me q. gern
me qëllú, unë qëllój schießen
qen Hund
qéndër Zentrum
qëndrím Aufenthalt
me qenë, unë jam sein
qetásh jetzt
qetësí Ruhe
qeverí Regierung
qibrít Streichhölzer
me qitë, unë qes legen
qúmësht Milch
qysh wie;
q. prej seit
qytét Stadt
qytetár (Staats-)Bürger

R (Rr)

me ra, unë bi fallen;
me r. në dashuní sich verlieben;
me r. tamám sitzen, passen (Kleidung)
rádio Radio(gerät)
rahát gemütlich (Umst.)
rakí Schnaps
i/e randë schwer
me randsí wichtig (Umst.)
i randsíshëm, e randsíshme wichtig (Eig.)
ranë Sand
e re jung, neu (w)
me regjistrú, unë regjistrój registrieren
me rekomandú, unë rekomandój empfehlen
reliéf Landschaft
restoránt Restaurant
me rezervú, unë rezervój buchen, reservieren
i ri jung, neu (m)
i ritúm, e ritúme feucht
roze rosa
rradhë Reihe
i/e rrallë selten (Eig.)
rrégull, -i Ordnung;
në rr. einverstanden
me rregullú, unë rregullój reparieren
me rrehë, unë rréhi schlagen
me rrejtë, unë rrej lügen
rreth etwa
i rrezíkshëm, e rrezíkshme gefährlich
rrogë Lohn, Gehalt
rrotë Rad
me rrshitë gója, më rrshet gója sich versprechen
me u rru, unë rrúhem sich rasieren
rrugë Straße, Weg
rrymë Strom

S (Sh)

s' nicht (vor Verben)
sa wie viel
sahát Uhr
i/e/të saj ihr(e) (w Ez.)
sakëz Kaugummi
saktë genau
sapó während
sapún Seife
i/e sarít gelb
sasí Menge, Quantität
se dass, weil; als (Vergl.)
secíla, secíli jede(r)
sekóndë Sekunde
sëmúndje Krankheit
send Ding, Sache
senf Senf
sepsé weil
sërb Serbe
sërbe Serbin
sërbísht serbisch
sesá als (Vergl.)
shef Chef
shémbull Beispiel
me shërú, unë shërój behandeln (Krankheit)

shesh Platz (öffentlich)
me shëtítë, unë shëtís spazieren gehen, wandern
shi Regen
i shíjshëm, e shíjshme schmackhaft
shiríngë Spritze
shíshe Flasche
me shitë, unë shes verkaufen
shitóre Geschäft (Laden)
shkak: për sh. të wegen
shkallë Treppe
me shkatërrú, unë shkatërrój zerstören
i shkëlqýshëm, e shkëlqýshme ausgezeichnet
shkollë Schule
shkrepsë Feuerzeug
shkronjë Buchstabe
me shkru, unë shkruj schreiben
me shku, unë shkój gehen, fahren; **me sh. bárku** Durchfall haben; **me sh. mysafír** besuchen
i/e shkurtë kurz
me shkymë, unë shkými ausschalten
shnet Gesundheit
i shnétshëm, e shnétshme gesund
shofér Fahrer
shok Freund
shóqe Freundin
shoqní Gesellschaft
me shoqnú, unë shoqnój begleiten
i shoqnúshëm, e shoqnushme freundlich
shpejt schnell (Umst.)
i/e shpejtë schnell (Eig.)
shpéjti: së sh. bald
shpesh oft
me shpëtú, unë shpëtój retten
shpi Haus
shpinë Rücken
i/e shprázët leer
me shpresú, unë shpresój hoffen
Shqipní Albanien
shqipónjë Adler
shqiptár Albaner
shqiptáre Albanerin
shqiptím Aussprache
shtatzánë schwanger
shteg Weg, Pfad
shtet Staat
shtetësí Staatsangehörigkeit
me shti, unë shtij hineinstecken
shtof Stoff
shtrat Bett
i/e shtrejtë teuer
me u shtri, unë shtríhem liegen
shum viel, sehr
shumë Summe
si wie
sigurím Versicherung
i/e sigúrtë sicher
sirtár Schublade
me sjellë, unë sjell bringen, tragen
i sjéllshëm, e sjéllshme höflich
i/e smut krank
sot heute
spitál Krankenhaus
me spjegú, unë spjegój erklären
sport Sport
stación Haltestelle; **st. hekurudhór** Bahnhof; **st. i autobúsave** Busbahnhof
stinë Jahreszeit
stolí Schmuck
stomatológ Zahnarzt
studént Student
studénte Studentin
stuhí Gewitter
suksés Erfolg
supë Suppe
sy Auge
sýza (Mz.) Brille

T (Th)

tabléte Tablette
takím Treffen
taksë Gebühr
táksi Taxi
me takú, unë takój treffen;
me u t. sich treffen
tamám genau (Umst.)
támël Milch
tanë: të t., të tána alle
táni dann, danach
tásh jetzt
tashmá schon
tavolínë Tisch
táze frisch (Umst.)
te bei
teátër Theater
telefón Telefon
me telefonú, unë telefonój telefonieren
televizór Fernsehgerät
tendë Zelt
me tentú, unë tentój versuchen
tépër sehr; zu sehr, zu viel
me terë, unë téri trocknen
me tërhékë, unë tërhéki abschleppen
i/e térun trocken
tésha (Mz.) Kleidung
téze Tante (mütterl.)
me tha, unë thaj trocknen
i/e tharbtë sauer
i/e thatë trocken
i/e thellë tief
thikë Messer
me thirrë, unë thírri rufen, schreien
i/e thjeshtë einfach
me thonë, unë thom sagen
ti du
i/e tij sein(e)
i/e tillë solcher
tjétër anderer, nächster;
tj. herë nächstesmal
toalét Toilette
Tóka Erde (Planet)
tokë Erde (Boden, Grundstück)
tonë, tóna unsere
tortë Kuchen, Torte
tradítë Tradition
tragét Fähre
transfér i páreve Überweisung
i/e trashë dick
treg Markt
me tregú, unë tregój zeigen
tregtí Handel
tren Zug
i/e trentë verrückt
trevë Gegend
tung tschüss, hallo
me u tutë, unë tútem sich fürchten
i/e/të týne ihr(e) (Mz.)

U

udhëtím Reise
me udhëtú, unë udhëtój reisen
ujë Wasser
me u ulë, unë úlem sich setzen
i/e úlët niedrig
unë ich
universitét Universität
i/e untë hungrig
urë Brücke
urgjént dringend (Umst.)
ushqím Lebensmittel (Ez.)
ushtár Soldat
me ushtrú, unë ushtrój üben
ustáh Handwerker

V

vaj Öl
vajzë Mädchen, Tochter
me vaksinú, unë vaksinój impfen
valíxhe Koffer
i/e várfër arm
varréza (Mz.) Friedhof
me vazhdú, unë vazhdój fortfahren
me vdekë, unë vdes sterben
vdékje, -a Tod
i/e vdékun tot

veç nur
vëllá Bruder
vend Land, Ort, Platz
me vendósë, unë vendósi hinstellen, entscheiden
venë Wein
i/e verdhë gelb
verë Sommer
verí Norden
i/e vërtétë echt, wahr
vesh Ohr
me veshë, unë véshi tragen (Kleidung)
i/e vështírë schwierig
véte, vétja selbst
me vetë, unë ves fragen
vétëm nur
i vétëm, e vétme allein
vetúrë Wagen, Auto
vezë Ei
vit Jahr
me vizitú, unë vizitój besichtigen
vjédhje Diebstahl
vjeshtë Herbst
i/e vjétër alt
vjollcë lila
i vléfshëm, e vléfshme gültig
vllá Bruder
me vnu, unë vnoj legen
vo Ei
i/e vógël klein
voj Öl
i/e voktë warm
i/e vonë spät
me u vonú, unë vonóhem sich verspäten
me vra, unë vras töten
i/e vramë verletzt
me vrapú, unë vrapój laufen, rennen
vrimë Loch
me vyjtë, më vy brauchen
i výshëm, e výshme fleißig

Xh

xham Glas (Material)
xhamí Moschee
xhep Tasche (Kleidung)

Y / Z (Zh)

yt dein (m)
za Stimme
zakón Brauch
záni Stimme (best. Form)
zarf Briefumschlag
me zbritë, unë zbres aussteigen
zbrítje Ermäßigung
zë Stimme
e zezë schwarz (w)
me zgjatë, zgjat dauern
me u zgju, unë zgjóhem aufwachen
me zhdrypë, unë zhdrýpi aussteigen
zheg Hitze
zhurmë: me zh. laut (Umst.)
i zhúrmshëm, e zhúrmshme laut (Eig.)
i zi schwarz (m)
me zi, unë zij kochen
zjarr Feuer
zjerm Feuer, Brand
zog Vogel
zojë Frau (Anrede; Frau des Hauses); **z. e shpisë** Gastgeberin
zonjúshë Fräulein
zot Herr; **z.t i shpisë** Gastgeber
Zot Gott
Zvícër Schweiz
zvicerán schweizerisch (m), Schweizer
zviceráne schweizerisch (w), Schweizerin
zyrë Büro
zyrtarísht offiziell (Umst.)

Die Autoren

Wolfgang Koeth, *Jahrgang 1965, studierte Politikwissenschaften, Europarecht und osteuropäische Sprachen in Paris, Straßburg, Minsk und Vilnius und arbeitete von 2005 bis 2009 für die Europäische Kommission im Kosovo.*

Saskia Drude, *Jahrgang 1968, studierte slawische und baltische Sprachwissenschaft und lebte als freiberufliche Journalistin, Dolmetscherin und Übersetzerin in Russland, Polen und Litauen. Während ihres vierjährigen Kosovo-Aufenthaltes verfasste sie ein Buch über das Alltagsleben ihres Gastlandes.*

Beide Autoren dieses Buches waren schon immer neugierig auf den „Wilden Osten". Schon vor dem Fall der Mauer haben sie mehrere Länder des damaligen Ostblocks bereist und später längere Zeit dort gelebt. Mit dem Balkan betraten sie noch einmal sprachliches und kulturelles Neuland.

Bei ihrer Ankunft im Kosovo begannen beide sofort, intensiv Albanisch zu lernen. Schnell wurde ihnen klar, dass sie mit dem Standard-Albanisch der Lehrbücher zwar verstanden wurden, aber ihrerseits die Kosovo-Albaner nicht verstehen konnten. Mit Hilfe ihres Lehrers Gazmend Bërlajolli sowie unzähliger Stunden Praxis mit Nachbarn, Kinderfrauen, Taxifahrern, Gemüsehändlern und kosovo-albanischen Seifenopern tauchten sie schließlich ein in das Leben abseits der Amtszimmer Prishtinas und erschlossen sich den Zugang zu den Menschen auf den Straßen und Dörfern der albanischen Teile des Kosovo.